被唤醒的条款

BEI HUANXING
DE TIAOKUAN

AWAKENED CLAUSE

反倾销特殊市场情形规则理论与实务

THEORIES AND PRACTICES ON PARTICULAR MARKET
SITUATION OF ANTI-DUMPING RULES

白 明 著

人民出版社

目　录

导　论
加强反倾销"特殊市场情形"的研究势在必行

第一节　"致美国商务部长的一封信"引发的关注

致美国商务部部长：

"特殊市场情形"无疑是一个有用的工具，它不仅可以阻止类似中国的非市场经济国家转移倾销，而且还可以对付韩国这样的国家打着市场经济的幌子通过补贴的方式低价销售产品。我们不用担心可能被诉至世界贸易组织而受到制裁。

美国国家贸易委员会主任

彼得·纳瓦罗（Peter Navarro）①

这是时任美国国家贸易委员会主任彼得·纳瓦罗于 2017 年 3 月写给美国时任商务部部长的一封信，希望美国商务部通过反倾销调查中的"特殊市场情形"条款阻止特定国家的商品进入美国。这是美国

---

① Peter Navarro to Wilbur Ross，Application of Particular Market Situation Protocol in Pending Antidumping Case，March 2, 2017.

回归贸易保护和单边主义的开始，一年多后，中美之间爆发了众所周知的贸易争端。事实上，彼得·纳瓦罗信中提到的"特殊市场情形"条款在世界反倾销历史上，包括中国 20 多年的反倾销实践中，都很少被提及。长期以来，它被认为是世界贸易组织《反倾销协定》（以下简称协定）的"僵尸条款"。那么，它有什么样的制度安排？是什么原因将这一条款激活？对中国有什么影响？中国应该怎样去应对？本书关注的正是这些问题。

世界贸易组织《反倾销协定》是多边贸易规则的基本构成之一。协定规定："如一产品自一国出口至另一国的出口价格低于在正常贸易过程中出口国供消费的同类产品的可比价格，即以低于正常价值的价格进入另一国的商业，则该产品被视为倾销。"① 而如何确定倾销幅度，则需要比较正常价值与出口价格，因此正常价值的确定是倾销幅度计算的核心。一般而言，正常价值是通过出口国国内销售价格确定的，但"如在出口国国内市场的正常贸易过程中不存在该同类产品的销售，或由于出口国国内市场的特殊情形或销售量较低，不允许对此类销售进行适当比较，则倾销幅度应通过比较同类产品出口至一适当第三国的可比价格确定，只要该价格具有代表性，或通过比较原产国的生产成本加合理金额的管理、销售和一般费用及利润确定"② 。关于

---

① Art.2.1, Agreement on Implementation of Article VI of the General Agreement on Tariffs and Trade, Apr.15, 1994, Marrakesh Agreement Establishing the World Trade Organization, Annex 1A, 1869 U.N.T.S.201（1994）（hereinafter Anti-Dumping Agreement）.

② Ibid, Art.2.2.

"特殊市场情形"，协议并没有具体定义，也没有规定具体适用标准和适用范围，给各成员国留下较大自由裁量权。

长期以来，这一条款并未得到世贸组织各成员重视，各成员在实践中很少适用这一条款。但这一状况因《中国加入世贸组织议定书》（以下简称《入世议定书》）第15条中"替代国"条款到期而发生了显著变化。《入世议定书》第15条的基本内容是在对中国产品发起反倾销调查时，如果受调查的生产者不能明确证明生产该同类产品的产业在制造、生产和销售该产品方面具备市场经济条件，那么相关世贸组织进口成员可使用不与中国国内价格或成本进行严格比较的方法，即不认可中国涉案企业产品在中国国内销售价格，而选取其他国家市场的销售价格予以替代，也就是所谓"替代国"方法①。该条款同时规定，这种"替代国"做法应在15年后，即2016年12月11日失效②。为使"替代国"条款到期后能够继续在对中国产品的反倾销调查中使用替代国或类似做法，世贸组织主要成员如美国、欧盟、澳大利亚等开始利用"特殊市场情形"条款的模糊性提出一些新的理论并据此进行新的立法与实践，以继续维持对中国产品的高税率。

美国于2015年通过了《贸易优惠延长法》（*Trade Preferences*

---

① 邢金莉：《中国能否如期获得 WTO 市场经济地位若干问题研究》，外交学院2016年硕士论文，第33页；另见 Section 15（a）（ii），Protocol on the Accession of the People's Republic of China to the World Trade Organization, WTO Doc. WT/L/432（Nov.23, 2001）（hereinafter Chinese Accession Protocol）.

② 关于"替代国"条款到期是否失效事宜，理论和实践存有争议，笔者在第五章对此作了详细的论述。

Extension Act, TPEA）。该法明确规定，如果存在特殊市场情形，如原材料和制造成本或其他加工成本不能准确反映正常贸易过程中的生产成本，美国商务部可以使用该章节下另外计算方法或其他计算方法[①]。此外，2017年10月26日，美国以反倾销调查为目的发布了《中国非市场经济报告》，对中国反倾销调查继续使用"替代国"做法[②]。

欧盟[③]于2017年底公布反倾销调查新方法。新法的核心是在坚持原有特殊市场情形概念的基础上进一步引入"市场严重扭曲"的概念，在反倾销调查中，如果涉案国家/地区整体或行业存在"市场严重扭曲"，则欧盟可以继续使用"替代国"做法来确定正常价值[④]。2017年12月20日，欧委会发布《关于中华人民共和国经济重大扭曲的报告》[⑤]，

[①] Trade Preference Extension Act of 2015, Pub.L.No.114-27, 129 Stat.362（2015）（TPEA）.

[②] Memorandum to Gary Taverman, "China's Status as a Non-MarketEconomy", https://enforcement.trade.gov/download/prc-nme-status/prc-nme-review-final-103017.pdf, 最后访问日期：2020年1月12日。

[③] 欧盟为欧洲联盟的简称，其前身为欧洲共同体，1993年11月1日《马斯特里赫特条约》正式生效，欧洲联盟正式成立。为行文方便，本书以下所称的欧盟包含其前身欧洲共同体。

[④] REGULATION（EU）2017/2321 OF THE EUROPEAN PARLIAMENT AND OF THE COUNCIL of 12 December 2017, Amending Regulation（EU）2016/1036 on Protection Against Dumped Imports from Countries not Members of the European Union and Regulation（EU）2016/1037 on Protection Against Subsidised Imports from Countries not Members of the European Union, https://eur-lex.europa.eu/legal-content/EN/TXT/?uri=CELEX:32017R2321，最后访问日期：2020年2月5日。

[⑤] Commission Staff Working Document On Significant Distortions In The Economy of the People's Republic of China for the Purposes of Trade Defense Investigations, https://trade.ec.europa.eu/doclib/docs/2017/december/tradoc_156474.pdf, 最后访问日期：2020年1月9日。

为其变相使用"替代国"做法辩护。

澳大利亚是最早承认中国市场经济地位的发达国家之一，但 2009 年澳大利亚修改其《反倾销反补贴调查手册》中关于特殊市场情形的规定，通过扩大对特殊市场情形的解释和认定达到对成本进行替代调整的目的，从而在对中国产品的反倾销调查中计算出较高的倾销幅度①。

在上述立法和实践的基础上，这些成员国进一步将其上升为反倾销理论，提出"公平比较"是反倾销的核心理论：为了实现公平比较，在出口国市场存在政府干预等非市场情形时，在确定正常价值时可以使用"替代国"或替代数据，这一做法符合世贸组织一般性规则。

上述的立法和实践引发了诸多需要解决的问题：一是这些成员新立法和新实践之间的共性和差异性在哪里？二是在特殊市场情形下是否可以使用替代数据结构正常价值？特殊市场情形的立法和实践与传统"替代国"做法有什么不同？三是新的特殊市场情形立法与实践是否符合世贸组织反倾销协定？四是根据倾销和反倾销基本理论，如何正确理解特殊市场情形，什么样的情形才属于特殊市场情形？五是新的立法和实践对中国有什么影响？中国应该怎样完善立法，做好相应的应对工作？这些问题都需要从理论层面和实践层面找到解决问题的路径和方法。

---

① Dumping and Subsidy Manual（April 2017），http://www.customs.gov.au/site/，最后访问日期：2020 年 1 月 9 日。

第二节　反倾销"特殊市场情形"对我国的影响及我国应对之策尚待深入研究

　　反倾销"特殊市场情形"长期以来是世贸组织"僵尸条款"，鲜有人关注。自中国加入世贸组织以来至2016年，在类似领域，学界研究主要集中在中国"非市场经济地位"和"替代国"条款方面。主流观点认为，反倾销实践过程中形成的非市场经济制度，是发达国家实现其贸易保护目的的政治手段[①]。市场经济地位与反倾销并无必然的联系，市场经济没有统一的模式，更没有完美的标准，美欧主要成员关于"非市场经济"国家的规定以及替代国制度是对中国的歧视性待遇[②]。

　　2016年前后，学界重点关注中国《入世议定书》第15条"替代国"条款终止问题。中国学者主流观点是：中国市场经济地位和"替代国"做法无必然联系，根据《入世议定书》第15条，无论其他成员是否承认中国市场经济地位，反倾销替代国做法必须终止[③]。但也有学者提出了不同的意见，主要是国外学者。他们认为：中国《入世议定书》第15条相关条款终止只是导致举证责任发生了变化，中国的"非市

---

　　① 　吕航：《反倾销理论与实践争议问题研究》，吉林大学2009年博士学位论文。

　　② 　王勇：《论反倾销中的非市场经济国家规则》，中国人民大学2006年博士学位论文。

　　③ 　张丽英：《中国入世议定书第15条到期的问题及解读》，载《中国政法大学学报》2017年第1期；张乃根：《中国入世议定书第15段的条约解释——以DS397和DS516为例》，载《法治研究》2017年第6期；黄路：《入世过渡期满后中国市场经济地位法律问题研究》，西北大学2017年硕士学位论文。

场经济"身份不会改变，WTO 成员仍可采用替代国方法计算中国出口产品的正常价值①。还有学者认为，即使承认中国的市场经济地位，《反倾销协定》第 2.2 条也没有排斥第三国可比价格的适用，适用条件中"特殊的市场情形"很可能成为欧盟和美国对中国使用第三国可比价格的依据②。

近年来，随着澳大利亚对中国使用"特殊市场情形"条款，欧盟在反倾销新法中提出"严重市场扭曲"的概念，美国进行"特殊市场情形"立法和实践。有部分学者开始关注反倾销"特殊市场情形"规则，对上述三个成员做法普遍持否定态度，认为欧盟反倾销新方法不符合世贸组织规则③，澳大利亚对中国的特殊市场情形具体实践违反

---

①　Jorge Miranda, *Interpreting Para.graph 15 of China's Market Economy Status After December 2016 Is Contingent upon Whether China Has in Fact Transitioned into a Market Economy*, Global Trade and Customs Journal, Vol.11, Issue 5, 2016；Theodore R. Posner, *A Comment on Interpreting Para.graph 15 of China's Protocol of Accession by Jorge Miranda*, Global Trade and Customs Journal, Vol.9, Issue 4, 2014; 胡加祥：《中国入世议定书第 15 条之解构》，载《法学》2017 年第 12 期。

②　孔志强：《中国在反倾销领域的市场经济地位研究》，天津财经大学 2011 硕士学位论文。

③　李彦彦：《欧盟反倾销法修改案与 WTO 多边规则的适用》，载《法律适用》2017 第 11 期；庞艳飞、倪素栋：《欧盟反倾销立法实践的新动向——以构成价格成本为分析视角》，载《贵州省党校学报》2017 第 4 期；张妤婕、陈立虎：《欧盟替代国方法的替代方案初探》，载《东吴学术》2017 第 5 期；齐琪：《新"替代国"做法及其 WTO 合规性探析》，载《江淮论坛》2018 第 1 期；白明：《欧盟反倾销计算新方法合规性分析》，载《中国社会科学报》，2018 第 1 期第 5 版；管健：《欧盟反倾销新方法评析》，载《武大国际法评论》2019 第 5 期；高子康：《欧盟对华反倾销替代国价格法律问题研究》，广西大学 2019 年硕士学位论文。

了世贸组织规则和上诉机构裁决①。美国修改特殊市场情形立法主要是为了应对中国《入世议定书》第 15 条替代国条款到期等②。

总体而言，当前世贸组织其他成员对中国适用"特殊市场情形"的实践做法并不多，对于这种倾向性和苗头性问题，国内外研究成果也并不多。在现有的研究成果中，大部分只是对单个成员的做法进行孤立研究，缺乏深层次的理论研究和系统比较分析，未对该规则对中国的影响以及中国应对策略进行深入的分析，不能满足实践的需要。

第三节 加强研究，应对贸易保护主义，维护中国企业的利益

特殊市场情形虽然只是《反倾销协定》的一个条款，但近年来部分成员国的立法和实践表明，这一问题已远超出协议本身的含义，涉及倾销的基本理论、反倾销目的与价值、倾销与补贴关系、倾销幅度

---

① Weihuan Zhou, *Australia's Anti-Dumping and Countervailing Law and Practice: An Analysis of Current Issues Incompatible with Free Trade with China*，（2015）49（6）Journal of World, Trade 975–1010, pp.980–991; Zhou W, Percival A., *Debunking the Myth of Particular Market Situation In WTO Antidumping Law*, Journal of International Economic Law, 19（4），2016；齐琪、杜仲霞：《"特殊市场情况"的规则解释与中国因应——以澳大利亚对华反倾销中的实践为例》，载《华东经济管理》2018 年第 6 期；赵海乐：《澳大利亚对华反倾销中"特殊市场情况"的滥用》，载《国际经贸探索》2015 年第 6 期。

② Matthew R. Nicely , Brian Gatta, *U.S. Trade Preferences Extension Act（TPEA）of 2015 Could Lead to Increased Use of "Particular Market Situation" in Calculating Normal Value in Anti-Dumping Cases*, Global Trade and Customs Journal（2016），Volume 11, Issue 5；潘锐、余盛兴：《美国对韩国输油管产业"特殊市场状况"的认定及其对中国的影响》，载《韩国研究论丛》2017 年第一辑，第 205 页。

计算方法、原材料倾销等问题，甚至涉及一国经济体制问题。

自 2001 年中国加入世贸组织至 2019 年底，中国一直是反倾销调查的最大目标国，遭受反倾销调查超过千起①。由于"替代国"做法的存在，中国企业在反倾销调查中往往被裁定高额反倾销税，经济利益受损严重。随着中国《入世议定书》第 15 条部分条款到期，部分世贸成员试图通过特殊市场情形条款以继续使用"替代国"做法。这显然对中国十分不利。与此同时，由于美欧等成员国纷纷在对中国开展反倾销调查时认定中国政府干预市场行为扰乱了国内市场甚至国际市场竞争，对中国国家形象也造成负面影响。但是，目前中国理论界对特殊市场情形条款的研究几乎处于空白状态，实践层面也没有系统性、可操作的应对策略。

为此，有必要系统地对反倾销中特殊市场情形理论和实践进行比较研究，包括特殊市场情形条款确立的理论基础、历史背景、谈判过程、其与反倾销规则其他条款的关系；美欧等成员新的立法和实践的异同，上述做法是否符合倾销和反倾销基本理论，是否符合反倾销协议的一般规则；中国如何从多边、双边和企业层面等不同角度应对特殊市场情形规则对中国的不利影响等。该研究既有其理论价值，又有实践意义。

本书首先对世贸组织《反倾销协定》中特殊市场情形规则和理论开展研究。特殊市场情形条款作为一个"僵尸条款"，自协定立法以

①　参见世界贸易组织统计，https://www.wto.org/english/tratop_e/adp_e/AD_Initiations ByRepMem.pdf，最后访问日期：2020 年 3 月 2 日。

来未有人进行详细研究。本书结合倾销和反倾销本质与世贸组织《反倾销协定》的规定，系统阐述了特殊市场情形条款的理论基础、沿革、内涵与外延。该理论研究具有前沿性。

其次，对主要世贸成员各自的反倾销特殊市场情形立法和实践进行系统比较研究，梳理了各自立法目的、具体实践和对中国的影响。鉴于该条款是在中国《入世议定书》第 15 条到期后的其他世贸成员对中国实施的"替代国"方法的"备用"工具，本书的研究具有前瞻性。

最后，在上述研究的基础上提出了中国综合应对之策。本论文的研究内容具有重要的实践意义。这一研究成果在多边有助于维护世贸组织多边规则体系，应对贸易保护主义；在双边有助于中国政府和企业应对部分成员的调查，维护中国企业的利益；在国内立法层面有助于完善中国《反倾销条例》，充分利用世贸组织规则维护中国国内产业的合法权益。

第一章
倾销与反倾销基本理论及
特殊市场情形规则

倾销与反倾销理论有上百年的发展历程。100 多年来，对于倾销和反倾销的正当性和合理性争论不止，著作汗牛充栋，却难有结论。从法律和规则的角度来看，世贸组织《反倾销协定》通过多边协定的方式对倾销和反倾销进行规制，满足协定规定要件的倾销行为受到规则谴责，即倾销行为对进口国国内产业造成了实质损害或实质损害威胁，或者实质阻碍国内产业的建立，倾销行为与上述国内产业损害之间存在因果关系。据此而采取的反倾销措施则是多边协定允许各成员方采取的一种合规措施。然而，协议文本的模糊性和不周延性也给部分成员依据自身利益解释规则提供了空间，进而导致反倾销措施的滥用，甚至使反倾销本身成为个别世贸成员实施贸易保护主义或开展国际经贸利益争斗的工具。部分成员扩大特殊市场情形条款的适用正是这一现象的具体体现。正如学者指出的："在具体实践中，贸易救济可能被一些国家用于实现其贸易保护的目的，但我们不应当因此而降罪于贸易救济本身。贸易救济本身无可厚非，应当受到谴责的是有关国家对贸易救济的滥用。"① 因此，从倾销和反倾销的基本理论出发认识规则，澄清规则进而加严纪律是防止反倾销滥用的有效路径。基于此目的，本章从倾销与反倾销的本质出发，试图通过阐述倾销的本质以及世贸组织反倾销特殊市场情形规则沿革，揭开世贸组织反倾销协定中特殊市场情形条款的面纱。

第一节　倾销的起源与本质

"倾销"（dumping）一词由来已久，从词性角度看，倾销是一个中性的概念，并无褒贬之意。从商业实践来看，倾销通常指"亏本销售""贱卖""低价销售""价格歧视"等行为，这些行为都与价格密切相关②。从经济学的角度看，企业倾销行为发生的原因和方式多种多样，具有应用上的普遍性③。从法律规制角度看，有两类倾销行为被域内法规制，一类是价格歧视行为，一类是低于成本销售行为。如果这两类倾销行为危害到了域内市场的竞争和正常生产经营秩序，损害了其他经营者的合法权益，域内法会予以规制④。

然而本书所研究探讨的是国际贸易领域的倾销行为，它是如何产

① 赵生祥：《贸易救济制度》，法律出版社 2007 年版，第 16 页。

② 《新帕尔格雷夫经济学大辞典》，经济科学出版社 1992 年版，第 1017 页。

③ ［美］保罗·萨缪尔森、威廉·偌德豪斯著《经济学》，萧琛主译，人民邮电出版社 2004 年 1 月第一版，第 156 页。

④ 如中华人民共和国《反不正当竞争法》第 11 条规定"经营者不得以排挤竞争对手为目的，以低于成本的价格销售商品"；《反垄断法》第 17 条规定："禁止具有市场支配地位的经营者从事下列滥用市场支配地位的行为：……没有正当理由，对条件相同的交易相对人在交易价格等交易条件上实行差别待遇。"

生和发展的呢？其本质是什么？与域内法中的倾销行为有何区别？唯有搞清这些问题，才能更清楚地认识反倾销的若干问题。

一、倾销的起源

国际贸易领域的倾销历史悠久，几乎伴随着资本主义发展的全过程。

最早在国际贸易中的倾销始于 16 世纪的欧洲，属于重商主义"奖出罚入"的对外贸易政策之一。为了获得有利的贸易顺差地位，英国、法国、普鲁士的政府或行业协会（商会）纷纷提供大量出口补贴，弥补出口商倾销造成的损失，其目的就是为了扩大制造业的生产和出口，获取重商主义者认为最能代表国家财富的金银币[1]。亚当·斯密在其名著《国民财富的性质和原因的研究》一书中将各国允许对出口贸易进行奖励的做法称为倾销，并对此评论道，"商人和制造业者赖于这种奖金才能在外国市场以与竞争者同样低廉或更为低廉的价格出售他们的货物，出口量因此增加，贸易差额变得对英国有利"[2]。而对于商人而言，出口奖励金帮助过剩的货物运往外国，同时又能使国内货物的售价维持高位，因此，除了政府或行业协会的补贴，商人们有时也会自掏腰包为出口提供奖励[3]。当时的国际市场被高关税壁垒分割，在这种情况下，商人们既能够通过倾销有效地打击竞争对手，扩

---

① 张为付：《倾销与反倾销的历史演变与时代特征》，载《南京社会科学》2004第 7 期。

② ［英］亚当·斯密：《国民财富的性质和原因的研究》，郭大力、王亚南译，商务印书馆 1979 年版，第 75—76 页。

③ 沈瑶：《倾销与反倾销的历史起源》，载《世界经济》2002第 8 期。

大市场份额，又可以通过政府补贴、国内市场高价和国际市场规模的扩大补偿降价带来的损失。

值得注意的是，这一时期的倾销更类似于现代意义的出口补贴。面对这种"以邻为壑"的"倾销"行为，各国都会采取相应的保护措施。而在当时的情况下，各国所做的通常就是通过互相提高关税壁垒来保护本国利益。

18世纪下叶，工业革命带来大规模生产，生产力大幅提高，毫无疑问需要开拓国外市场去消化这些商品。倾销的形式也随之发生了变化。在早期，走在工业革命最前列的英国首先被指控为头号倾销国。作为"世界工厂"的英国对世界市场的依赖也远远超过其他国家，因此，英国率先放弃重商主义政策，转而支持自由贸易，为其具有强大优势的产品向他国倾销铺平道路。此时的倾销已由国家补贴逐步转化为企业自身行为。为了阻止英国的倾销，美、德等后发国家纷纷创立贸易保护学说，指责英国的倾销行为[1]。

然而，随着美、德等国的实力逐步赶超英国，他们也从指责倾销转变为加入到倾销的行列中来。瓦伊纳曾指出，"至少从上个世纪80年代以来，持续且有计划的出口倾销一直是美国制造商的一种常用做法，在这方面，大量官方和非官方证据是决定性的，不无争辩地表明，1914年以前美国制成品出口贸易很大一部分就是在以倾销价销售基础上得到发展和维持的"。"而对德国来说，倾销已成为正常现象，

---

[1] 申勇峰、徐青：《国际贸易中倾销与反倾销行为的理论探析》，载《河海大学学报（哲学社会科学版）》2003年第9期。

不倾销反而成了例外。"① 这一时期的倾销出现的明显的"垄断化"，在自由竞争环境下生成的垄断组织一方面凭借高关税壁垒和对国内市场的控制维持国内高价，赚取垄断利润，另一方面又将"过剩产能"输出海外，抢占海外市场。可以说，此时倾销已成为垄断组织定价策略的一部分。

在这段时期，对于实施价格歧视倾销行为的指控集中在规模化生产带来的垄断企业。经济学家们也从经济学角度对歧视行为发生的原因和条件进行了论证分析，在当时比较通行的解释是要实现倾销，需要满足以下 3 个条件：(1) 存在两个相对分隔的市场，一个高价区，一个低价区，且低价区的商品不会回流到高价区，国际贸易恰好提供了这种阻隔；(2) 实施倾销的生产者对高价区市场（通常是国内市场）有一定的垄断力量，可以维持国内市场高价，来弥补国外市场低价甚至是低于成本销售带来的损失；(3) 产品的需求价格弹性适宜倾销，如某产品在国际市场上的需求价格弹性较高，低价销售可以带来销售量的大幅增长，而国内市场需求价格弹性较低，高价不会造成销售量的大幅减少，那么该商品则较为适宜倾销，反之则不适宜②。而为什么要实施价格倾销行为，根据经济学原理，在垄断条件下，获得利润最大化的条件是边际收益＝边际成本，而倾销正是通过国内国际

---

① ［美］雅各布·瓦伊纳：《倾销：国际贸易中的一个问题》，沈瑶译，商务印书馆 2003 年版，第 53 页。

② 申勇峰、徐青：《国际贸易中倾销与反倾销行为的理论探析》，载《河海大学学报（哲学社会科学版）》2003 年第 9 期。

两个市场同时达到边际收益＝边际成本而实现利润最大化的。此外，通过古诺双头垄断模型进一步分析可以得出：即便是分处两国生产同一产品的两个生产商相互倾销，也能够促进消费量提高，如果运输成本很小，贸易获利则十分明显 ①。

由此可见，现代意义下的倾销行为是随着工业化发展，企业生产规模扩大，需要开辟国际市场的经济条件下产生的，从这个角度出发，有助于我们认识倾销的本质。

二、倾销的本质

1923 年，雅各布·瓦伊纳在其重要著作《倾销：国际贸易中的一个问题》中把倾销定义为"全国性市场之间的价格歧视" ②。瓦伊纳将所有拥有独立关税的政治单位都算作一个"全国性市场"，这里的全国性市场是与本地市场相对应的概念。这一定义揭示了国际贸易领域倾销的本质，成为倾销经典定义。瓦伊纳认为，最为常见的倾销就是："在外国卖掉商品是一种价格，而对国内购买者则是另一种更高的价格。"根据倾销发生的动机，瓦伊纳将其分为处理偶然积压的存货、出于无意、为消除倾销市场竞争等 10 种类型。同时，瓦伊纳又根据倾销持续的时间，将这 10 种类型进一步分为突发倾销、短期或

---

① 王钰：《倾销的新贸易理论解析》，载《世界经济研究》2004 年第 10 期。

② ［美］雅各布·瓦伊纳：《倾销：国际贸易中的一个问题》，沈瑶译，商务印书馆 2003 年版，第 5 页。

间歇倾销、长期或持续倾销三个类别①。瓦伊纳关于倾销的定义直接影响到后期国际贸易法规中对倾销行为的界定②。此外，保罗·萨缪尔森在其经典的《经济学》中也认为，国际贸易企业常常会发现国外的需求比国内需求更有弹性，因此他们的国外售价会低于国内，这种行为在国际贸易领域称为"倾销"③。

　　这一本质通过后续立法进一步体现出来。1904年加拿大通过了涉及规制倾销行为的法律。该法律是历史上最早从法律角度对倾销行为作出的规定，即"给予加拿大进口商的出口价格或实际销售价格低于相同商品在出口国向加拿大出口当时其国内通常和正常销售过程中的公平市场价格，则被征收特别关税。税额等于出口品销售价格与国内消费市场价格之间的差额"④。该法律把出口国市场价格与出口至加拿大出口价格之间差异作为确定倾销与否的基础。该部法律也成为

────────

　　①　瓦伊纳划分的3种类别、10种类型包括：突发性倾销三种：为处理偶然积压的存货，出于无意，为在某个市场维持一定的关系；短期或间歇类倾销四种：为在新市场发展贸易关系以及在买方中建立起信誉，为消除倾销市场的竞争，为在倾销市场先发制人从而阻止形成竞争局面，对进口倾销实施报复；长期或持续倾销三种：使现有工厂设备保持充分开工同时不降低国内价格，为获得更大规模生产的利益同时不降低国内价格，纯粹出于重商主义思想。参见［美］雅各布·瓦伊纳：《倾销：国际贸易中的一个问题》，沈瑶译，商务印书馆2003年版，第5页和23页。

　　②　Richard D.Boltuck, *An Economic Analysis of Dumping*, 21（5）Journal of World Trade 45（1987）。

　　③　［美］保罗·萨缪尔森、威廉·偌德豪斯：《经济学》，人民邮电出版社2004年1月第一版，第156页。

　　④　An Act to Amend the Customs Tariff Act, 1897, 4 Edw.7, ch 11&19. 转引自［美］雅各布·瓦伊纳：《倾销：国际贸易中的一个问题》，沈瑶译，商务印书馆2003年版，第176—177页。

此后各国反倾销法律的典范。值得一提的是，美国在借鉴加拿大立法的基础上，在1921年紧急关税法中对倾销行为作了规定。该法规定，"只要财政部长发现美国某个产业由于外国商品进口到美国而正在遭受或者可能遭受损害，或者建立受到阻碍，并且这类或这种商品正在或者可能在美国或其他地方以低于其公平价值的价格销售，财政部长就可以公布有关的调查结果"。如果"购买价格"或者"出口商售价"低于"外国市场价格"，则在普通税以外再征收相当于这个价格差额的特别倾销税①。美国这部法律完善了倾销行为对国内产业损害的规定，但关于倾销行为的规定与加拿大立法实质是一致的。美国这一立法基本上奠定了反倾销多边规则的基础。值得注意的是，二战后在制定第一个涉及反倾销的多边贸易规则，即1947年的《关税及贸易总协定》（简称关贸总协定，GATT）时，曾讨论过四种类型的倾销，即价格倾销、服务倾销、汇率倾销和社会倾销。各方最终达成一致意见，多边协议规范的倾销为价格倾销行为，不涉及其他类型的倾销行为②。此后虽然反倾销多边规则几经修改，但这一原则并没有改变。现行的世贸组织《反倾销协定》第2.1条规定："如一产品自一国出口至另一国的出口价格低于在正常贸易过程中的出口国供消费的同类产品的可比价格……则该产品被视为倾销。"③倾销也是在出口价格与出

① §1305（a）19 U.S.C. 转引自［美］雅各布·瓦伊纳：《倾销：国际贸易中的一个问题》，沈瑶译，商务印书馆2003年版，第236—237页。

② ANALYTICAL INDEX OF THE GATT, p.222, https://www.wto.org/english/res_e/booksp_e/gatt_ai_e/art6_e.pdf，最后访问日期：2020年3月21日。

③ Art.2.1, Anti-Dumping Agreement.

口国供消费的同类产品的可比价格的差异基础上确定的。由此可见，从国际贸易角度来看，倾销的本质是一种价格歧视行为，而反倾销首先是要发现价格歧视，从而确定倾销的幅度。

如果倾销的本质是价格歧视行为，那么如前所述域内法规制的低于生产成本[①]销售的行为是否为倾销行为呢？如果低于成本销售也属于倾销，是否改变了倾销的本质呢？有的学者认为，国际贸易倾销也可被认为是一种低于成本销售的行为[②]；有的学者则进一步认为倾销是掠夺性定价行为，存在掠夺的意图和目的[③]；还有的学者认为，在1974年之前，美国法律定义的倾销是国际价格歧视行为，而在1974年贸易改革法后，其倾销定义已经扩展到低于结构价值的行为，该结构价值包括出口国生产平均成本加上费用和管理费用以及利润[④]。笔者认为，虽然理论上更有理由认为低于生产成本销售行为是倾销行为的一种，而不论其出口价格是否低于国内市场价格。然而，对低于成本销售的规制在事实上并没有改变倾销的本质。

第一，在个别国家反倾销立法历史中，也确实出现过将低于生产

---

① 本书所指的生产成本即产品的制造成本加上直接和间接费用，但不包括利润。这一概念也与世贸组织反倾销协定相一致。

② Mitsuo Matsushita, Thomas J.Schoenbaum and Petros C.Mavroidis, *The World Trade Organization Law, Practice, Policy*, Oxford University Press, 2003, p.300.

③ Bovard, J., *The Fair Trade Fraud*, New York:St Martins Press, 1991, p.156; William A. Kerr, *Dumping—One of Those Economic Myths*, The EsteyCentre Journal of International Law and Trade Policy, Volume 2 Number 2, 20 01 , pp.211-220.

④ Jagdish Bhagwati, Robert E.hudec eds., *Fair Trade and Harmonization, Prerequisites for Free Trade?* Volume I, The MIT Press, 1996, p.357.

成本销售，并有掠夺性定价行为倾销进行规制的法律。这类规定的实质是将倾销行为纳入国内反垄断法的规制范围，这和现代意义上国际贸易法中的倾销行为有所不同。如1890年美国谢尔曼反托拉斯法对类似于"掠夺性倾销定价"行为，即为了打击竞争对手把价格降到现行价格之下，尤其是对低于生产成本销售的行为进行了规定。该法禁止任何限制洲际贸易或对外贸易的联盟，和任何垄断或企图垄断贸易的行为，并对这种行为规定了民事和刑事责任①。这种掠夺性定价意图以及民事和刑事责任继续在1916反倾销法律中得到了体现②。然而，在实践中，一方面进口商的掠夺性意图很难证明；另一方面，该法律适用范围窄，通常仅适用美国的进口商在美国境内的不正当竞争行为。如果不正当竞争行为在美国以外的其他国家实施，只要不违反所在国法律，就无法适用该法律。由此，该法丧失了其实践意义③。

第二，在早期反倾销立法中也存在过所谓"低于成本销售"的表述，这一规定实质是后来反倾销规则中的"结构正常价值"的雏形，本质上是"拟制的出口国国内销售价格"，也不改变倾销的本质。如1921年加拿大反倾销法律中对出口国国内市场的公平市场价格做了说明，认为这种价格是不低于当时或当地的批发价格。同时还规定，如果是新产品或未曾使用过的产品，该价格不应低于相似产品在直接

---

① §§1-7 Sherman Antitrust Act, 15 U.S.C（2006）. 转引自 [美] 雅各布·瓦伊纳：《倾销：国际贸易中的一个问题》，沈瑶译，商务印书馆2003年版，第217—218页。

② Title VIII of the Revenue Act of 1916, 39 Stat.756（1916）;15 U.S.C.§72.

③ [美] 雅各布·瓦伊纳：《倾销：国际贸易中的一个问题》，沈瑶译，商务印书馆2003年版，第217—233页。

向加拿大装运当天的实际生产成本加上合理的利润①。新西兰1921年反倾销法规定，"低于成本销售"是指进口到新西兰的某种或某类货物，如果新西兰也有生产，并且销售商给进口商的离岸价格低于出口国现行国内价格，或者进口到新西兰并且关税部长认为其价格低于原产国或出口国出口时的生产成本及合理利润②。从上面早期立法可以看出，一方面，在当时情况下，确定外国生产的生产成本是很困难的。瓦伊纳认为"确定外国和本国的生产成本，这项管理是一个难以实现的梦想，哪怕部分的实现也不可能"③。另一方面，瓦伊纳所论述的低于生产成本的倾销行为，不过是对出口国国内所谓公平市场价格的补充，目的是找到合适的可比价格，并没有否定倾销的本质，也没有在法律上将倾销扩展为低于成本销售的行为。

第三，至于上文美国学者所称的在1974年贸易改革法后，其倾销定义就扩展到低于结构价值的行为（该结构价值包括出口国生产平均成本加上费用和管理费用以及利润），笔者认为，这在事实上也并没有拓展倾销的本质。关于结构正常价值，下文将做详细论述。结构正常价值是在价格比较时，为发现价格歧视行为，在找不到可比价格时的一个备选方法。这种变化并不是从1974贸易改革法开始的，早

---

① ［美］雅各布·瓦伊纳：《倾销：国际贸易中的一个问题》，沈瑶译，商务印书馆2003年版，第182页。

② ［美］雅各布·瓦伊纳：《倾销：国际贸易中的一个问题》，沈瑶译，商务印书馆2003年版，第210页。

③ ［美］雅各布·瓦伊纳：《倾销：国际贸易中的一个问题》，沈瑶译，商务印书馆2003年版，第266页。

在 1921 年美国的反倾销法律就规定，倾销行为是低于公平价值的价格销售，所谓公平价值的价格，通常为该商品出口当时在出口国主要市场以批发数量销售给所有购买者的价格，如果外国市场价格难以确定时，就不采用该价格，而采用外国生产成本包括合理的利润①。因此，结构正常价值也不改变倾销行为的本质。

第四，对于域内法规制的低于成本销售这一类不正当竞争行为，在国际贸易领域是否涉及呢？如果出口商或生产商低于成本出口销售，但又高于国内销售价格，在这种情况下是否构成倾销，如何发现这类倾销行为呢？如前所述，对于以排挤竞争对手为目的低于成本销售的行为，各国域内法大多认为是不公平竞争行为，而对此类行为予以限制。如果这类不公平竞争行为发生在国际贸易领域，从理论上来说，也应当被谴责。然而，这种情况该如何与价格歧视的倾销行为对接呢？现代反倾销规则通过引入的"正常贸易过程"的概念实现了两者的对接。在出口销售中不存在所谓的低于成本销售的概念，而国内销售则不然，如果在出口国国内市场销售低于生产成本，则可认为这些销售不属于正常贸易过程的交易，进而认定低于成本的销售价格不属于公平的市场价格。因此，在与出口价格的比较中，这些交易将被排除。如澳大利亚现行的反倾销法 Section 269TAC（1）条规定：国内市场价格为通常情况下出口到澳大利亚出口国供国内消费的同类产品的正常贸易过程销售价格②。Section 269TAAD 进一步规定：如果国内交易存在一定实质

---

① §1305（a）19 U.S.C

② Customs Act 1901, 48 section, 269TAC（1）

数量低于成本销售的情况，且成本在合理期限内无法收回，则可认为这些销售为非正常贸易过程的交易①。世贸组织《反倾销协定》第 2.1 条规定：倾销通常为出口价格低于在正常贸易过程中的出口国供消费的同类产品的可比价格②。第 2.2.1 条规定：国内销售属于在一持续时间内以实质数量且以不能在一段合理时间内收回成本的价格进行时，调查机关可以因价格原因将其视为未在正常贸易过程中进行的销售，并在确定正常价值时不予考虑③。依据现行反倾销协定，笔者梳理出来价格歧视的倾销行为与低于成本销售的几种类型。如下表所示，当出口价格低于成本销售时，均存在倾销行为，但倾销幅度并不是依据出口价格与成本之间的比较而得出，仍然要体现两个市场价格之间差异，只不过如果国内销售价格低于成本时，可认定为非正常贸易过程的交易予以排除，从而找到一个正常出口国市场销售价格为基准比较。

价格歧视与成本之间的关系表

出口价格高于成本	国内销售价格高于成本	出口价格低于国内销售价格	倾销
		出口价格高于国内销售价格	无倾销
出口价格高于成本	国内销售价格低于成本	出口价格低于可比价格	倾销
		出口价格高于可比价格	无倾销

---

① Customs Act 1901, 48 section, 269TAAD.

② Art.2.1, Anti-Dumping Agreement.

③ Art.2.2, 1, Anti-Dumping Agreement.

续表

出口价格低于成本	国内销售价格高于成本	有倾销，通常为两价格差额
出口价格低于成本	国内销售低于成本，高于出口价格	有倾销，通常为出口价格与可比价格的差额
	国内销售低于成本，低于出口价格	有倾销，通常为出口价格与可比价格的差额

综上所述，低于成本销售会导致倾销行为的发生，但并不是倾销的本质。在国际贸易领域，倾销的本质是全国性市场间的价格歧视，并基于理论形成多边规则，进而形成了反倾销中的价格比较理论。正如制定 GATT 反倾销条款专家组的第二份报告阐述的那样："出口商或进口商为抢占市场可能会低于成本销售，但只要该出口价格并没有低于正常的出口国国内市场销售价格，则该行为不是多边规则意义上的倾销。"① 世贸组织规则司资助编写的《反倾销调查手册》一书开宗明义认为："概言之，倾销是国际价格歧视行为，这也是多边贸易制度所接受的倾销发生的情形。"②

---

① ANALYTICAL INDEX OF THE GATT, p.222, https://www.wto.org/english/res_e/booksp_e/gatt_ai_e/art6_e.pdf，最后访问日期：2020 年 3 月 21 日。

② Judith Czako, Johann Human&Jorge Miranda, *A Handbook on Anti-Dumping Investigations*, Cambridge University Press, 2003, p.1.

第二节　反倾销核心理论——价格比较理论

一、多边规则形成

现代意义上的反倾销法律制度是在多边规则框架下不断完善的。究其原因，二战后成立的国际贸易组织（ITO）和后续建立世界贸易组织都是让各成员通过谈判不断降低关税，各成员面对关税降低带来的进口冲击必然有所担忧，这会反过来影响成员通过谈判降低关税的信心。反倾销等贸易救济规则授权各成员在特定情况下对特定产品提高关税，相当于给各成员吃了"定心丸"，有助于推动谈判进程①。与此同时，为了防止贸易救济规则被滥用，也需要通过多边规则规范各成员的域内法和调查实践。

在多边规则制定过程中，单个成员的反倾销法律制度和多边谈判互动，共同推动了反倾销法律的逐步成熟和定性。在多边规则确立后，单个成员又通过修改本成员法律以与多边规则实现一致，由此形成了现代具有多边规则约束的反倾销法律制度。

---

①　在现代支持反倾销多边规则的理论有"国家安全理论""保护国内劳动力市场""幼稚产业保护"和"安全阀"等。［参见 Thomas W.Huang, *Trade Remedies laws of dumping, subsidies and Safeguards in China,* KLUWER LAW INTERNATIONAL 2003, p.17; Douglas A. Irwin, *Against the tide: An Intellectual History of Free Trade,* Princeton Univ Press, 2000, p.196; Mia Mikic, *International Trade,* NY: St Martin's Press 1998, pp.283-284; Alan O.Sykes, *Protectionism as a "Safeguard": A Positive Analysis of the GATT escape Clause with Normative Speculations,* 58 U. Chi. L. Rev.（Winter 1991），p.255.］。笔者认为，正因为有了反倾销等贸易救济手段，才支持各国能够应对国内保护主义压力，进一步开放市场。贸易救济在某种程度上是自由贸易的"助推器"。当然滥用贸易救济措施则走上自由贸易的"对立面"。

关于反倾销的第一个多边贸易规则是 1947 年的《关税及贸易总协定》（简称关贸总协定，GATT）。二战后，在美国和英国推动下制定的关贸总协定，最早签约国有 24 个国家。正如 GATT 文本中所言，期望通过达成互惠互利安排，实质性削减关税和其他贸易壁垒，消除国际贸易中的歧视待遇①。GATT 协定第六条对倾销和反倾销做了规定。第 6.1 条规定如果用倾销的手段将一国产品以低于正常价值的办法引入另一国商业，如因此对缔约方领土内一已建立的产业造成实质损害或实质损害威胁，或实质阻碍一国国内产业的新建，则倾销应予谴责②。而对于何为低于其正常价格的价格进入一进口国的商业，协定规定，首先是低于正常贸易过程中在出口国供国内消费时的可比价格，或者如无此种价格，则低于正常贸易过程中同类产品出口至第三国的最高可比价格或者该产品在原产国的生产成本加上合理的销售成本和利润③。第 6.2 条进一步规定，为抵消和防止倾销，一缔约方可以对倾销产品征收反倾销税，征收的反倾销税不超过倾销幅度，就本条而言，倾销幅度为依照第 1 款的规定所确定的差价④。事实上，虽然关贸总协定成为第一个关于倾销与反倾销的多边约束规则，然而在肯尼迪回合谈判之前的多边谈判和具体执行过程中，关贸总协定关于倾销与反倾销的规定并没有转化为在每一个签约国的国内反倾销法律，

---

① 《关税与贸易总协定（GATT1947）》，https://wenku.baidu.com/view/cac190fba9114431b90d6c85ec3a87c241288afe.html，最后访问日期：2020 年 1 月 10 日。

② 同前注。

③ 同前注。

④ 同前注。

签约国根据自身法律在实施中仍有很大的不同。

1964 年至 1967 年肯尼迪回合谈判中，为了进一步降低关税，美国进一步将非关税壁垒列为谈判议题，而欧盟则进一步批判美国的反倾销法律，认为美国的反倾销法律滥用伤害了国际贸易的法治化。在本轮谈判中，达成了肯尼迪反倾销指令。该指令对倾销的定义未做实质性变化。指令 2（a）条规定："倾销是一国产品以低于正常价值的办法进入另一国商业的行为，也即出口价格低于出口国正常贸易过程中供消费的可比价格。"① 然而由于美国在谈判中，总统未得到国会授权并签署该协议，导致肯尼迪回合谈判在约束非关税壁垒上并未获得实质性进展。而这一问题成为东京回合谈判主要议题。

1973 年至 1979 年东京回合谈判在约束非关税壁垒方面取得进展并达成了肯尼迪反倾销指令，该指令 2.1 条对倾销的定义与此前规定相比也没有实质性改变②。在 1973 年开始谈判的时候，世界经济获得增长，非关税壁垒并没有广泛的使用，但是在 1979 年后，石油危机和此后的经济衰退影响了国际贸易，从而导致反倾销措施大幅增长，此外关税水平又受到 GATT 协议的约束，因此各个成员不断使用非关税壁垒保护衰退的国内产业。美国、欧共体和加拿大在 1980 年至

---

① Art.2（a）, Agreement on Implementation of Article VI of the General Agreement on Tariffs and Trade（1968）, https://www.wto.org/english/docs_e/legal_e/kennedy_e.pdf, 最后访问日期：2020 年 1 月 20 日。

② Art.2.1, Agreement on Implementation of Article VIof the General Agreement on Tariffs andTrade（1979）, https://www.wto.org/english/docs_e/legal_e/tokyo_adp_e.pdf, 最后访问日期：2020 年 1 月 20 日。

1989 年发起了 1786 个反倾销案件，日本成为主要的目标国，因此防止反倾销滥用则成为多哈回合谈判的主要问题①。

1986 年至 1994 年，经过八年的谈判终于达成了乌拉圭回合谈判成果，包括成立世界贸易组织（WTO）并达成了一揽子协议，包括《反倾销协定》。世贸组织《反倾销协定》对倾销和损害的认定、因果关系、反倾销调查程序均作了详细的规定。此外，乌拉圭回合谈判重要成果之一是设立争端解决机构，使得各成员较好保证了协议的执行。此后，各成员均按照协定的要求修改了国内法，保持与协定的一致。2001 年启动了多哈回合谈判，并设置了 21 个具体议题，其中贸易救济领域的谈判试图在维持贸易救济基本理念、原则、有效性和目的的基础上，澄清和改进规则，强化规则的纪律约束，照顾发展中和最不发达成员的利益②。然而，随着多哈谈判陷入僵局，多边规则中的争端解决机构停摆，贸易救济规则止步不前。一些成员充分利用协议的模糊性和原则性条款积极创新反倾销方法，包括激活特殊市场情形条款，这都对多边贸易体制造成了严重影响。

二、价格严格比较理论

如上所述，在国际贸易领域，如果说倾销的本质是一种价格歧视行为，那么反倾销的本质就是要发现价格歧视，确定倾销的幅度。关

---

① Douglas A. Irwin, *The Rise of U.S. Antidumping Activity in Historical Perspective*, 28（5）The World Economy（2005），pp.651-668.

② See para.graphs 28 and 29 of the Doha Ministerial Declaration, https://www.wto.org/english/thewto_e/minist_e/min01_e/mindecl_e.htm#rules，最后访问日期：2020 年 1 月 10 日。

于如何发现价格歧视，就是本节所要探讨的。理解了这一点，才有助于我们理解特殊市场情形条款的设置。

（一）严格价格比较的基本情形

倾销的本质是价格歧视，而这种价格歧视行为如果对进口国利益造成损害，进口国可以纠正这种不公平的竞争行为。如何纠正这一不公平竞争行为，从倾销和反倾销理论和制度的发展来看，由于对价格歧视的意图很难做出判断，法律制度往往通过客观的行为进行规制，而客观行为则有两个体现，一个是全国性市场间存在显著的价格差异，出口价格显著低于在国内市场销售的价格；二是价格歧视行为后果造成了进口国相关产业的严重损害，或对进口国产业造成严重损害威胁等。即存在倾销、国内产业存在损害，倾销与损害之间存在因果关系，基于上述的客观标准，逐步形成了现代意义上的反倾销法和多边规则。对于行为的后果和因果关系，不是本书讨论的重点。本书讨论的命题是倾销行为，笔者认为，根据倾销的本质，可以得出这样一个结论，价格歧视的客观表现形式是定价差异，因此发现倾销行为需要价格比较，而确定真实的倾销幅度也就需要严格的价格比较，这是实施反倾销的核心，直接决定反倾销在规则上的正当性和合理性。笔者以世贸组织反倾销协议为规则基础对此进行论述。

1. 定价主体。无论倾销发生的原因是如何，可能是国家的出口补贴造成的，也可能是企业规模化生产的需要，或者企业有目的的掠夺性抢占市场的行为。实施倾销行为，或者说实施价格歧视的主体是具体出口商或生产商，也即价格比较中价格的实施者是具体的出口商或生产商。这在当前各国反倾销法律和世贸组织反倾销协定中均有明确规定。世贸组织《反倾销协定》第 6.10 条规定，主管机关通常应对被调查产品的每一个已知的出口商或生产商确定各自的倾销幅度 ①。世贸组织上诉机构多次重申"倾销"是"个体出口商或生产商的定价行为" ②。

2. 价格承载的客体。即被调查产品及其同类产品。在实践中，往往需要先确定被调查产品，并根据被调查产品确定在国内市场销售的被调查产品的同类产品。确定这两类产品是价格比较的前提。一是根据《反倾销协定》第 2.1 条，被调查产品"要进入一个国家的商业"，而出口国国内市场的同类产品则要在"出口国供消费"。由此可见，两类产品共同的特征要具有商品的特点，要在市场上存在销售行为，进而才能拥有各自的价格。二是《反倾销协定》第 2.6 条对同类产品做了界定，即同类产品应解释为相同的产品，即与考虑中的产品在各方面都相同的产品，如果无此类产品，则为尽管并非在各方面都相同，但具有与考虑中的产品特点极为相似的另一种产品。这就在一定程度上避免了个别出口商为了规避反倾销。如果在不同市场销售确有差别产品，可以使用《反倾销协定》第 2.4 条物理特性调整进行确定 ③。

---

① Art.6.10, Anti-Dumping Agreement.

② Appellate Body Reports, European Union-Anti-Dumping Measures on Biodiesel from Argentina, WT/DS473/AB/R, adopted 6 October 2016, fn130.

③ See Art.2.1, 2.4 and 2.6, Anti-Dumping Agreement.

　　3. 出口价格的确定。在规则和实践上，出口价格确定较为简单，通常情况下就是出口商被指控倾销出口的价格。然而也存在一些特殊的情况，在早期瓦伊纳就发现两种规避反倾销税的行为，如外国出口商通过寄售或者在进口国的代理商进行销售，以高于实际售价的方式销售给在进口国的寄售商或代理商，然后再允许寄售商或代理商低价销售给进口国其他购买者。还有一种就是出口商在进口国设立分厂，并把半成品运送到该分厂进行加工或组装，在当时，加拿大对这一行为有特殊条款予以规制，但其他国家并没有特殊立法①。针对这两种规避行为，世贸组织《反倾销协定》对出口价格的确定作了专门的规定，即如果不存在出口价格，或者根据有关主管机关看来，由于出口商与进口商或第三者之间的联合或补偿性的安排，而使出口价格不可靠，则出口价格可在进口产品首次转售给一独立购买者的价格基础上推定，或如果该产品未转售给一独立购买者或未按进口时的状态转售，则可在主管机关确定的合理基础上推定②。事实上，在实践领域出口商和进口商之间的补偿性安排很多，体现的方式通常是回扣、折扣等，但这并不能否定出口价格的本身可靠性，对于这些安排，调查机关可以通过对出口价格的调整予以解决。只有这种联合或补偿性安排导致出口价格不可靠时，调查机关才需要推定出口价格，通常体现为关联销售，即出口商将产品出口至进口国的关联贸易商或加工商，

　　① ［美］雅各布·瓦伊纳：《倾销：国际贸易中的一个问题》，沈瑶译，商务印书馆 2013 年版，第 260 页。

　　② 王晖：《论倾销的确定》，外交学院 2003 年硕士论文，第 15 页。

导致无法找到正常商业行为中的出口价格。在这种情况下，调查机关才需要推定出口价格，即所谓的"结构出口价格"，可以通过该产品转售—独立购买者价格推定[①]。

4. 正常价值（Normal value）的确定。何为正常价值，这是反倾销中比较复杂的概念，容易带来困惑。但事实上，当我们认识到倾销本质后，这个概念就显而易见了。简言之，正常价值就是在确定出口商是否存在价格歧视时，能够与出口价格进行比较的可比价格，也即正常的出口国"国内销售价格"[②]。由此可见，正常价值实质上就是"价格"[③]。如前所述，在1904年加拿大通过的第一部涉及规制倾销行为的法律就规定："给予加拿大进口商的出口价格或实际销售价格低于相同商品在出口国向加拿大出口当时其国内通常和正常销售过程中的公平市场价格，则被征收特别关税。税额等于出口品销售价格与国内供消费市场价格之间的差额。"何为"通常和正常销售的公平市场价格"，根据1921年加拿大修订后的法律规定，该价格为"不低于当时或当地的批发价格"[④]。1921年美国反倾销法则是规定该价格是"公

---

① 值得注意的是，对于关联进口商深加工后再出售的，推定出口价格比较复杂，可以通过销售给一独立购买者的价格推定，或者通过其他出口商的出口价格推定。但这些都是特殊情况寻找可比价格的方式，并不否定反倾销价格严格比较理论。

② ANALYTICAL INDEX OF THE GATT, p.223, https://www.wto.org/english/res_e/booksp_e/gatt_ai_e/art6_e.pdf，最后访问日期：2020年3月21日。

③ The Report of Appellate Body, EC-Tube or Pipe Fittings, WT/DS219/AB/R（22 July 2003），para.s.93-95.

④ [美] 雅各布·瓦伊纳：《倾销：国际贸易中的一个问题》，沈瑶译，商务印书馆2003年版，第176页。

平价值的价格销售",即"该商品出口当时在出口国主要市场以通常批发数量销售给所有购买者的价格"①。GATT 第 6.1 条规定,正常价值首先是正常贸易过程中在出口国供国内消费时的可比价格;如无此价格,则为正常贸易过程中同类产品出口至第三国的最高可比价格,或者该产品在原产国的生产成本加上合理的销售成本和利润②。WTO《反倾销协定》第 2.1 条规定,"就本协定而言,如一产品自一国出口至另一国的出口价格低于在正常贸易过程中出口国供消费的同类产品的可比价格,即以低于正常价值的价格进入另一国的商业,则该产品被视为倾销"③。由此可见,正常价值首先就是出口国国内市场的可比价格。而如何确定可比价格,通常包括以下几个要求。

一是时间性要求,强调出口销售当时国内市场销售价格。如果时间存在差异,则两个价格之间当然没有比较的基础。这也是在反倾销调查立案时,首先要确定倾销调查期的原因。通常情况下,倾销调查期为一年,最少也不能低于 6 个月。在给定的倾销期内进行价格的比较从而能够保证价格的可比性。

二是本地性要求。无论是早期的立法和现在适用国际规则,均首先强调应使用出口国国内市场的销售价格。这是体现倾销本质的必然要求。如前所述,1904 年加拿大通过的第一部反倾销法律就强调,"倾

①　§1305（a）19 U.S.C.

②　Art.6.1, The General Agreement on Tariffs and Trade（1947）.

③　Art.2.1, Anti-Dumping Agreement.

销是出口品销售价格与国内供消费市场价格之间的差额"①。在 WTO 《反倾销协定》中强调，正常价值是同类产品在国内市场的正常贸易过程中的可比价格②。

三是数量性要求。这项规定通常有两个原因，一是实践中会出现个别出口商为了规避反倾销调查，故意在国内市场低价销售少量的产品，以建立虚假的价格基础，或者出口市场是出口商主要的销售市场，对于多余的少量产品在国内市场上"处理掉"从而不扰乱主要的出口市场的价格。在这种情况下，通过价格比较就无法发现倾销行为。二是如果国内销售的数量过低，无法建立起一个适当的比较价格。在国内销售量低是一个事实或者结果，这有可能是人为的因素，如前一种情况，也有可能是客观的外部市场因素导致的，比如消费习惯的不同。早期法律规定强调国内销售的价格要是以批发数量销售的价格，就是强调国内销售数量性要求，然而何为批发数量销售并无相应的标准。在世贸组织《反倾销协定》中，则明确了 5% 测试标准，即如果出口国国内市场供消费的同类产品的销售占被调查的产品销往进口成员销售的 5% 或 5% 以上，则此类销售通常应被视为确定正常价值的足够数量③。同时，规则也留给了调查机关根据案件情况做出决定的自由裁量权，如果未达到 5%，但仍属于适当比较的足够数量，则可接受该较低比例。比如，虽然数量较低，但不存在人为低价规避

---

① An Act to Amend the Customs Tariff Act, 1897, 4 Edw.7, ch11&19.

② See Anti-Dumping Agreement, *Supra* note 78.

③ Art.2.2, Anti-Dumping Agreement.

反倾销的情况，或者本身出口国市场容量有限，出口商在国内销售客户较为分散，市场上也存在竞争，在这种情况下，调查机关可以认定该国内销售价格是可比的价格。

　　四是正常贸易过程要求。1904年加拿大反倾销法律规定的是"通常和正常销售过程中公平市场价格"①。笔者认为，从字面意义上理解，加拿大的法律较为全面，既强调了销售的过程，即通常和正常的销售，也强调销售的价格，即公平市场价格。1921年美国反倾销法律规定是："销售给所有购买者的价格"②。该法律强调销售对象的普遍性，否定了以销售给单个购买者价格作为可比价格。GATT和WTO反倾销多边规则规定了"正常贸易过程中的销售"，但何为正常贸易过程中的销售没有做出规定。WTO《反倾销协定》第2.2.1条规定，低于单位生产成本加上管理、销售和一般费用规定价格销售行为，如果达到一定数量，并不能在一段合理时间收回成本，则可以因价格原因将其视为未在正常贸易过程中进行销售③。在现在立法和实践中，调查机关也会将关联销售作为非正常贸易过程中的销售。由此可见，正常贸易过程是关于销售行为的判断，行为的主体是企业，即企业在销售的过程是通常的正常行为还是非正常的行为。这可以从两个方面来判断，一方面是从正常商业判断来看，是不是一个销售行为。如委托加工贸易、易货交易、样品销售等，就不是正常的销售行为。另一

---

①　An Act to Amend the Customs Tariff Act, 1897, 4 Edw.7, ch11&19.

②　§1305（a）19 U.S.C.

③　Art.2.2.1, Anti-Dumping Agreement.

方面是从定价角度来看，企业在销售时是否依据市场价格进行定价，如关联销售，低于成本销售，可能由于企业自身的原因导致定价并不遵循市场价格。当然，商业实践很复杂，需要调查机关根据个案来判断。笔者认为，是否存在非正常贸易过程的交易，从倾销的本质和协议规定来看，企业本身的销售行为是判断的出发点，这一点和特殊市场情形应有所区别，笔者会在后续章节中进一步论述。

由此可以看出，如果满足上述条件，正常价值即可比价格的确定是严格的，即应使用出口国国内销售可比价格确定。

（二）严格价格比较的特殊情形

在商业实践中，倾销常常会出现所谓的"变形"，可能存在国内销售因特殊原因没有可比价格的时候，WTO《反倾销协定》第 2.2 条规定了三种情形，即出口国国内市场正常贸易过程中不存在该同类产品的销售，或由于出口国国内市场的特殊市场情形或者销售数量较低，不允许对此类销售进行适当比较①，在这种情况下，如何实现价格严格比较，发现倾销行为呢？多边规则规定了两种方法。

第一种方法是寻找第三国的可比价格。由于经营者为开拓目标国的市场，可能会以低于出口到其他国的价格在目标国市场进行销售。在这种情况下，瓦伊纳认为，也可以将全国性市场之间的价格歧视扩展理解为："在某个国外市场以低于其他国外市场的价格出售。"这样"全国性市场之间的价格歧视"既包括经营者在本国市场销售价格高

---

①   Art.2.2, Anti-Dumping Agreement.

于目标国市场价格的行为，也可以包括在其他国外市场销售价格高于目标国市场价格的行为①。因此，GATT第6.1条规定，如果无国内价格，则可比价格可以为正常贸易过程中同类产品出口至第三国的最高可比价格②。WTO《反倾销协定》第2.2条对此进行了修正，可以以该同类产品出口到一个适当第三国/地区的可比价格为参考标准，只要该价格具有代表性③。但何为正常贸易过程、何为代表性，协议均未做规定，笔者认为，既然通过价格比较的方式发现价格歧视行为，基本理论和原理与国内销售价格的确定是一致的，因此，应该参照国内销售价格上述严格比较的基本原则。

另一种方法就是结构正常价值的方法。如前所述，1904年加拿大反倾销法就规定，对于新产品或未曾使用过的产品，在这种情况下，国内市场可能并不存在批发价格，可比价格可以通过相似产品在直接向加拿大装运前那天的实际生产成本加上合理利润来确定④。1921年美国反倾销法则是规定如果外国市场价格难以确定时候，则可以使用外国生产成本包括合理利润⑤。GATT第6.1条规定，如无此价格，可以为该产品在原产国的生产成本加上合理的销售成本和利润⑥。WTO《反倾销协定》第2.2条进一步规定，通过比较原产国

---

①　[美]雅各布·瓦伊纳：《倾销：国际贸易中的一个问题》，沈瑶译，商务印书馆2013年版，第6—7页。

②　Art.6.1, The General Agreement on Tariffs and Trade（1947）.

③　Art.2.2, Anti-Dumping Agreement.

④　An Act to Amend the Customs Tariff Act, 1897, 4 Edw.7, ch11&19.

⑤　§1305（a）19 U.S.C.

⑥　Art.6.1, The General Agreement on Tariffs and Trade（1947）.

的生产成本加合理金额的管理、销售和一般费用及利润确定①。由此可见，结构正常价值实际上是拟制一个出口商在国内正常销售时候的一个价格，用此价格与出口价格之间比较。第 2.2.1.1 条进一步规定："成本通常应以被调查的出口商或生产商保存的记录为基础进行计算。"② 由此可见，拟制的价格既要体现原产国的实际情况，更要体现具体出口商或生产商的实际数据，从而确保拟制的价格更接近于如果在国内存在销售时通常的价格情况。

综上所述，从倾销与反倾销的基本理论出发，我们可以得出这样一个结论，发现价格歧视的基本方法是价格的严格比较，通过比较出口商和生产商出口价格与国内销售的可比价格发现倾销行为。而在国内销售不存在可比价格时候的特殊情况下，可以使用对第三国销售的价格或者结构正常价值。笔者认为，虽然协议对两种备选的方法没有规定先后次序，但从价格歧视本质出发，应该首先选用对第三国的销售价格，该价格更接近于企业真实的定价行为，其次再通过拟制一个国内销售的价格比较。

（三）严格价格比较的例外

GATT 第六条脚注 2 规定了特殊情况下严格比较的例外情形，在进口产品来自贸易被完全或实质上完全垄断的国家，且所有国内价格均由国家确定规定情况下，在确定价格可比性时可能存在特殊困难。在此情况下，进口缔约方可能认为有必要考虑与此类国家的国内价格进

---

① Art.2.2, Anti-Dumping Agreement.

② Ibid, Art.2.2.1.1.

行严格比较不一定适当的可能性①。该条款规定了两个条件：一是贸易被完全或实质上完全垄断，二是国内价格均由国家确定。在这种情况下，的确找不到可比的价格，或者说缺少国内市场的情况，协定给出了特殊的规定，可以采用"替代国"的方式确定可比价格。上诉机构在紧固件案中进一步做了解释，认为："GATT 第六条脚注 2 允许调查机关确定一个非市场经济成员正常价值时，可以忽略其国内价格和成本而使用一个市场经济第三国的价格和成本。"②因此，这个条款允许调查机关完全的背离反倾销的基本原则，可以在未对价格和成本信息审查的情况下，直接适用"替代国"方法。事实上，从条款制定的历史过程来看，其主要目的是为了便于当时实施"国家垄断经济模式"的国家融入 GATT 成员中，也能避免在反倾销时对这些国家造成不公平，即在价格比较时采用其国内政府确定的价格与出口价格进行比较③。

在中国加入世贸组织谈判时，一些成员对中国的市场经济发展不了解，存有顾虑，因此在中国入世议定书第 15 条中也规定了类似的方法，即允许其他成员在特定时期内不使用中国国内价格和成本的严格比较方法计算正常价值④。由此可见，GATT 第 6 条的脚注以及中

---

① 吴自立：《WTO 反倾销法律制度及我国应对策略研究》，暨南大学 2005 年硕士论文，第 9 页。

② The Report of Appellate Body, EC-Fasteners（China），WT/DS397/AB/R（5 July 2011），para.285.

③ Jorge Miranda, *Interpreting Para.graph 15 of China's Protocol of Accession*, 9（3）GLOBAL TRADE& CUSTOMS J.94, 95（2014）.

④ Section 15, Protocol on the Accession of the People's Republic of China to the World Trade Organization, WTO Doc, WT/L/432（Nov.23, 2001）.

国入世议定书 15 条的特殊规定方法，是对一般原则的例外，即可以不适用"价格严格比较的方法"确定正常价值，呈现了特定历史时期的特点[1]。然而，两者也存在明显的区别，一是 GATT 明确规定了"非市场经济"的两个条件，而中国入世议定书并无此规定。15（a）对中国生产商或出口商设定了一个可辩驳的假定，假定中国为"非市场经济"国家，但何为"非市场经济"，中国入世十五条没有规定[2]；二是 GATT 并无特定时间限定，而中国入世议定书有时间限定，即在中国加入世贸组织 15 年后，无论如何 15（ii）条款失效[3]。

也正是中国入世议定书 15 条中对所谓"非市场经济国家"没有定义，也没有对替代国数据的选择和使用作出明确的规定，这赋予了调查机关很大的自由裁量权，也为调查机关滥用提供了空间。欧美等一些成员国开始利用这一授权，在其国内法设定相关标准，依据其国内法作出判定。如在对中国的反倾销调查中，在确定正常价值时，需要选择与涉案出口国经济条件相似的市场经济国家同类产品的价格，并结合考虑两者生产要素的对比。但是，这一标准是人为确定的，且当今世界并不存在两个经济情况完全相同的国家，各国的生产要素也会存在差异。因此，对替代国选择的任意性往往是抬高了从中国进口

---

① K. William Watson, *Will Nonmarket Economy Methodology Go Quietly into the Night? U.S. Anti-dumping Policy towards China after 2016*, Policy Analysis, CATO INSTI-TUTE, No.763, （2014）at 6.

② Mark Wu, *The "China, Inc." Challenges to Global TradeGovernance*, 57 HARV. J. of INT'L L.261, 306 （2006）.

③ Section 15 （d）, Protocol on the Accession of the People's Republic of China to the World Trade Organization, WTO Doc, WT/L/432 （Nov.23, 2001）.

产品的正常价值或产品的生产成本，从而人为拉高了倾销幅度。

（四）严格比较与公平比较

在确定了可比价格之后，如何进行比较也是一个较为复杂的过程。如果严格比较解决的是用什么样的价格进行比较的问题，公平比较则是要解决如何比较，即如何计算倾销幅度的问题。也就是说，根据协议要求，首先要确定正常价值和出口价格，然后再进行比较，两者是单独的，有明显区别的阶段①。事实上，在实践中，在完成第一阶段的工作后，即使两个价格具有可比性，要通过比较计算倾销幅度仍然是一个比较复杂的问题，因为价格会受到很多因素的影响。比如销售和贸易条件就会影响价格。不同市场价格的差异有的是由于定价时候的价格歧视造成的，有的可能是销售条件所导致的，如信用期限、销售数量、产品品质、批发或零售的销售方式以及运费等因素都可能导致不同市场间的价格差异。因此，在调查经营者倾销行为时，需要对影响价格的客观因素进行调整，确保两个价格在同一贸易水平下进行比较，从而发现此类价格歧视是否是经营者定价时候的行为，这就是后来逐步发展而来的"公平比较"方法。

由此我们可以看出，在反倾销协定的严格比较与公平比较适用于反倾销调查的不同阶段，不可混同。关于本书讨论的特殊市场情形问题，仅适用严格比较原则而非公平比较。

---

① Report of Panel, EC-Imposition of Anti-Dumping Duties on Imports of Cotton Yarn from Brazil, ADP/127（4 July 1995），para.473.

第三节　世贸组织反倾销协定特殊市场情形规则

一、立法设置

如前所述，GATT 第 6.1 条对倾销进行了定义，在涉案产品没有正常情况下的国内可比价格时，可以使用"出口第三国价格"或"结构价格"①。在多边规则中第一次出现"特殊市场情形"，是在肯尼迪回合谈判中②。谈判过程中起草的《反倾销指令草案》首次加入了"特殊市场情形"的规定，其第 A.（d）条规定，"如果出口国国内市场正常贸易过程中没有同类产品销售，或存在特殊市场情形，导致此类销售导致无法进行适当的比较，倾销幅度应通过比较对第三国出口同类产品的可比价格，该价格可能是最高价格，但必须是具有代表性的价格，或者原产国的生产成本加上合理的行政、销售和其他成本以及利润"③。这一该条款最终纳入了《肯尼迪反倾销指令》中④。

接下来东京回合谈判中，虽然对肯尼迪回合的反倾销指令进行了实质修改，但并未涉及特殊市场情形条款。在最终达成的东京回合反倾销指令中，只是将此前"特殊市场情形"的规定从 2（d）条移至第 2.4

---

①　See Art.6.1, The General Agreement on Tariffs and Trade（1947）.

②　黄毓智：《论美欧反倾销中特殊市场状况的认定及中国的应对》，华东政法大学 2019 年硕士论文，第 18 页。

③　See *Anti-Dumping Code Revised Draft*, https://www.wto.org/gatt_docs/English/ SULPDF/91890173.pdf，最后访问日期：2019 年 12 月 21 日。

④　Article 2（d）, Agreement on Implementation of Article VI of the General Agreement on Tariffs and Trade（1968）.

条，文本内容并未发生变化①。

1986 年至 1994 年，各成员经过八年的谈判终于达成了乌拉圭回合谈判成果，其中一个就是达成了《关于实施 1994 年关税与贸易总协定第 6 条的协定》，即《反倾销协定》。在该协定中，特殊市场情形条款未被修改，仅是由原来的第 2.4 条变更为第 2.2 条，与特殊市场情形并列的特殊情况由 2 条增加为 3 条，即增加了出口国国内销售数量充足性条件（5% 测试）。而在具体价格比较时候，仍坚持严格比较要求。在三种特殊情况下，调查机关可以使用对第三国出口价格或者通过结构的方式确定正常价值，在结构正常价值时应使用原产国的生产成本、费用和利润②。

总的来说，从世贸组织《反倾销协定》谈判历史和倾销和反倾销的理论来看，特殊市场情形是影响价格比较的因素。由于该因素的存在，调查机关可以不采用出口国国内市场价格计算倾销幅度，这一特殊的因素与国内销售量低或正常贸易过程没有销售并行，但仍然要遵守严格比较的刚性要求。

二、规则解读

（一）特殊市场情形含义

世贸组织反倾销协定对于"特殊市场情形"一词没有明确定义，也

---

① Article 2 （d），Agreement On Implementation Of Article VI of The General on Tariffs and Trade（1979）.

② 对外贸易经济合作部：《世界贸易组织乌拉圭回合多边贸易谈判结果法律文本》，法律出版社 2000 年版，第 147 页。

没有提供理解这一概念的指引。由于该条款设定以来应用极少，理论界对其研究也比较少。从目前为数不多的材料来看，存有以下几种解读：

一是从价格可比性角度进行解读。该观点认为"特殊市场情形"的特殊在于其单方面影响国内市场价格，从而导致与出口价格不具有可比性 ①。该解读把特殊市场情形与价格可比性相结合，并将这种情形限定在国内市场，且单方面影响国内销售价格的可比性。这种观点从"特殊市场情形"的功能和目的出发进行解释，有其合理性。但没有界定单方面影响国内价格特殊情形的外延。事实上，单方面影响国内价格可比性并在国内市场存在的特殊情形范围比较广，有出口商自身因素导致的，如关联销售、易货交易等。如前所述，因出口商自身因素导致的特殊情形属于非"正常贸易过程的"的范畴，并不属于"特殊市场情形"。

二是从字面意义进行解读。该观点认为"特殊市场情形"是出口国市场出现的与同类产品买卖相关的独特的、非正常的状态或情形 ②。这是一种静态的文本解释，指明了"特殊市场情形"的适用范围，即适用出口国市场同类产品的销售，但没有考虑特殊市场情形的功能和目的。事实上，任何市场都存在着与其他市场不同的独特的状态，如果这种状态不影响企业的定价行为，从而不影响国内销售

---

① Indonesia's first written submission, *Australia- Anti-Dumping Measures on A4 Copy Paper*, WT/DS529/R, para.72.

② Australia's first written submission, *Australia- Anti-Dumping Measures on A4 Copy Paper*, WT/DS529/R, para.106.

价格和出口价格的比较，则并不属于反倾销协议意义上的"特殊市场情形"。

　　三是从市场功能角度进行解读。该观点认为"特殊市场情形"是一种市场状态。在通常的市场状态中，市场供求关系相互作用形成商品市场价格，而特殊市场情形是出口国国内市场的一种特殊的、具体的状态，这种特殊的状态导致该市场中特定商品的价格不是由正常市场状态的"市场力"（market force）即供求关系形成的，而是受到外部因素的影响①。根据这一观点，"特殊市场情形"是出口国国内市场存在的因素，是一种外在因素。导致这种情形出现的原因本身不构成特殊情形，如政府干预可能会导致特殊市场情形，但政府干预本身不构成特殊市场情形，只有政府干预导致了市场功能的丧失，即特定商品的价格不反映市场供求关系的时候，才构成"特殊市场情形"。这种观点区分了状态和状态形成的原因，然而，该观点并没有从价格可比性角度来解读"特殊市场情形"。事实上，影响价格可比性的"特殊情形"并不限于外部因素导致市场功能的丧失，还可能出现在出口国国内市场存在与进口国国内市场相比的"特殊情形"，如需求模式不同。此类特殊情形，国内市场的功能并没有丧失，但仍然导致两个市场价格之间的不可比。

---

　　①　Christian Tietje and Vinzenz Sacher, *the New Anti-Dumping Methodology of the European Union- a Breach of WTO Law?* https://www.researchgate.net/publication/328589281，最后访问日期：2020 年 3 月 14 日。

众所周知，世贸组织规则解读的基本依据是《维也纳公约》①。该条约 31（1）条的规定，解读条款首要的方法是结合上下文理解该条款通常含义（ordinary meaning），并结合条款的目的和宗旨（object and purpose）②。综合上述观点，笔者认为，"特殊市场情形"这一概念是立体的，应依据《维也纳公约》并从不同角度进行综合解读，才能全面正确地理解其内涵和外延。

其一，从文本角度来看，"情形"（situation）是事物的一种状态（condition or state of something）③。这种"情形"前面有两个修饰词，一个是"市场"（market），一个是"特殊"（particular）。"市场"指从事贸易行为的场所或条件④。"特殊"意味着与其他事物相比具有更加突出的特征⑤。据此，我们可以得出这样的解释：一是"特殊市场情形"是一个市场存在特殊的状态，导致这种特殊状态产生的原因本身不应属于特殊市场情形。二是"特殊市场情形"是影响商业主体交易行为外在市场因素。如前所述，商业主体自身因素导致的交易行为存在的特

---

① Appellate Body Report, United States – Standards for Reformulated and Conventional Gasoline, WT/DS2/AB/R（20 May 1996），p.17.

② Vienna Convention on the Law of Treaties 1969, 23 May 1969, 1155 UNTS（United Nations Treaty Series）p.331.

③ Oxford Dictionaries online, definition of "situation", http://www.oed.com/view/Entry/180520，最后访问日期：2020 年 3 月 20 日。

④ Oxford Dictionaries online, definition of "market", "the geographical area of commercial activity…the condition of trade…", http://www.oed.com/view/Entry/114178，最后访问日期：2020 年 3 月 20 日。

⑤ Oxford Dictionaries online, definition of "particular", "belonging or relating to one thing as distinguished from another; special." http://www.oed.com/view/Entry/138260，最后访问日期：2020 年 3 月 20 日。

殊情形不属"特殊市场情形"。三是"特殊市场情形"是一种独特的、具体的情形。这种特殊性可以表现在与自身通常状态相比存在的特殊性，如市场通常功能是供求关系相互作用形成价格，当这种功能丧失的时候，就会导致市场本身存在特殊性。这种特殊性还可以表现在与其他市场相比存在的特性，如市场之间需求模式存在显著不同。因此，单纯从市场功能丧失角度看待"特殊市场情形"是不全面的。

其二，从适用范围来看。"特殊市场情形"考量的市场是否仅限于出口国"国内市场"？如果是仅限于国内市场，这种特殊市场情形影响的对象是否限于同类产品的国内销售？早在 1995 年欧共体棉纱案中，巴西和欧盟双方对"特殊市场情形"的适用范围存有争议。虽然当时争议的是东京回合反倾销指令 2.4 条中的"特殊市场情形"条款，但这一条款纳入世贸组织《反倾销协定》时没有实质性的改变。在该案中，巴西认为"特殊市场情形"适用的范围并不限于"国内市场"（in the domestic market）[1]。而欧盟则认为"特殊市场情形"适用范围仅限于"国内市场"，且仅限于对国内销售（domestic sales）及其价格产生影响[2]。在本案中，专家组同意欧盟观点，认为"特殊市场情形"是导致国内市场销售不适合与出口价格相比的情形，即企业的国内销售发生在出口国国内市场，虽然属于正常贸易过程，但由于出口

---

[1]　Report of Panel, EC-Imposition of Anti-Dumping Duties on Imports of Cotton Yarn from Brazil, ADP/127（4 July 1995），para.78.

[2]　Report of Panel, EC-Imposition of Anti-Dumping Duties on Imports of Cotton Yarn from Brazil, ADP/127（4 July 1995），para.83.

国国内市场存在特殊市场情形，导致国内销售不适宜与出口销售进行比较①。在适用范围方面，笔者同意本案专家组的观点，在世贸组织反倾销协定第2.2条规定："如出口国国内市场的特殊市场情形……不允许对此类销售进行适当比较……②"由此可见，从上下文整体来看，"特殊市场情形"适用范围是出口国国内市场，且限于同类产品的国内市场销售。

其三，从条款的功能和目的来看。"特殊市场情形"条款设置的目的是在特殊情形下，找到合适的可比价格，进而发现倾销行为。在澳大利亚A2复印纸案中专家组认为，特殊市场情形与价格不可比性共同构成了不适用国内市场销售的两个并列条件。具体而言，如果国内销售具有可比性，即便存在特殊市场情形，也不能在确定正常价值时候忽略国内市场销售③。该观点将"特殊市场情形"与其影响，即导致国内市场销售价格不具有可比性，割裂起来进行看待，这是一种静态的解读。正如欧共体棉纱案中专家组认为的那样："确定特殊市场情形本身不是目的，只有特殊市场情形影响到同类产品销售，导致同类产品国内市场销售价格不适合比较时才有意义。"④因此本书认为

---

① Report of Panel, EC-Imposition of Anti-Dumping Duties on Imports of Cotton Yarn from Brazil, ADP/127（4 July 1995），para.477-478.

② 对外贸易经济合作部：《世界贸易组织乌拉圭回合多边贸易谈判结果法律文本》，法律出版社2000年版，第147页。

③ Report of Panel, Australia-Anti-Dumping Measures on A4 Copy Paper, WT/DS529/R（4 December 2019），para.7.27.

④ Report of Panel, EC-Imposition of Anti-Dumping Duties on Imports of Cotton Yarn from Brazil, ADP/127（4 July 1995），para.479.

"特殊市场情形"与"价格的可比性"不能割裂起来看待，需要从价格可比性的角度分析"特殊市场情形"。也就是说只有影响到价格可比性的"特殊市场情形"才属于反倾销协定意义上的情形。

其四，从条款设置结果来看，设定这一条款的目的是找到正常的与出口价格可比的国内价格。世贸组织反倾销协定规定了在不能使用国内价格作为正常价值时，可以有两种选择的方法，即出口到第三国的价格或者结构正常价值。而两种办法在多边规则中虽然没有规定优先次序，但从条款规定的目的和功能出发，无论采取何种方法，目的是为了找到可比的国内价格。

（二）"特殊市场情形"与"非正常贸易过程"

世贸组织《反倾销协定》明确了价格不可比的三种情况：在正常贸易过程中没有销售，或销售数量低，或存在特殊市场情形。"特殊市场情形"与"非正常贸易过程"这两个条款有着共同的特点，一是作为世贸组织反倾销协议并列的两个条款，都可以导致国内销售价格无法与出口价格进行比较。二是世贸组织反倾销协定都没有对此做出明确的界定①。

然而，对于"特殊市场情形"与"非正常贸易过程"的关系，有的学者认为"特殊市场情形"与"非正常贸易过程"是并列关系，在"非

---

① 在美国热轧钢案中，上诉机构认为世贸组织反倾销协议并没有对正常贸易过程进行界定。Appellate Body Report, UNITED STATES – ANTI-DUMPING MEASURES ON CERTAINHOT-ROLLED STEEL PRODUCTS FROM JAPAN, WT/DS184/AB/R（24 July 2001），para.139.

正常贸易过程"和"销售数量低"两者之外存在影响价格可比性的因素都可以构成"特殊市场情形"①。有的学者则认为特殊市场情形应当将"非正常贸易过程"和"销售数量低"包括在内②。

笔者认为，两个条款有着本质的区别。从文本解读来看，前者强调了"市场情形"，后者强调了"贸易过程"。按照文本理解，"特殊市场情形"是企业主体交易或贸易发生的环境和场所，而"贸易过程"则是企业主体具体交易过程。正如美国热轧钢案中，上诉机构对"非正常贸易过程"的描述那样，"当一个交易的条款和条件（terms and conditions）在被调查的市场上与正常商业实践不符，该交易不能被用于计算正常价值"③。由此可见，"特殊市场情形"与"正常贸易过程"适用的对象是不一致的，前者强调的是影响企业主体交易的外部市场因素，而后者强调的是主体交易行为即具体的销售条款和条件是否反映了正常的商业实践。这也就不难理解，无论是规则还是成员方的具体实践，通常将"低于成本销售"和"关联销售"作为"非正常

---

① Weihuan Zhou, *Australia's Anti-Dumping and Countervailing Law and Practice: An Analysis of Current Issues Incompatible with Free Trade with China*, （2015）49（6）Journal of World, Trade 975–1010, pp.980–991；Zhou W, Percival A., *Debunking the Myth of 'Particular Market Situation In WTO Antidumping Law*, Journal of International Economic Law, 19（4）, 2016.

② Yun M., *The Use of 'Particular Market Situation' Provision and Its Implications for Regulation of Antidumping*, Social Science Electronic Publishing, 21.3, 2017.

③ Appellate Body Report, UNITED STATES – ANTI-DUMPING MEASURES ON CERTAIN HOT-ROLLED STEEL PRODUCTS FROM JAPAN, WT/DS184/AB/R（24 July 2001）, para.141.

贸易过程"来处理的主要原因①。据此可以看出，因为企业自身行为会导致销售产品价格不反映市场竞争现象，如关联销售、低于成本销售等，还有包括一些特殊非市场性安排，如易货交易和委托加工等。而"特殊市场情形"指企业主体销售时的市场由于存在特殊情形导致了同类产品国内销售价格与出口价格不可比。由此可见，两者适用对象、范围和条件是不同的，不能将二者混同。

（三）"特殊市场情形"与 GATT 第 6 条脚注 2 中"非市场经济"

两者都是因出口国市场出现特殊的情况，从而导致被调查产品同类产品的出口国国内市场价格不适合与出口价格进行比较。然而，两者又有着显著的区别。首先协定对"特殊市场情形"没有明确的定义，但对"非市场经济"有着确定的界定，即"贸易被完全或实质上完全垄断国家，且所有国内价格均由国家确定"②。由此可见，"非市场经济"是对一个成员经济状况的整体评价，而"特殊市场情形"建立在一成员国内市场整体属于市场经济的推定基础上，在这种推定的基础上，特定涉案产品销售市场存在"特殊情形"。其次，确定正常价值的方法不同。在"非市场经济"情况下可以背离严格比较的方法，"调查机关可以考虑与此类国家的国内价格进行严格比较不一定适当的可能性"③，即所谓"替代国"方法确定正常价值。对于"特殊市场情形"，

---

① WTO ANALYTICAL INDEX: Anti-Dumping Agreement – Article 2，https://www.wto.org/english/res_e/publications_e/ai17_e/anti_dumping_art2_jur.pdf, p10-12. 最后访问日期：2020 年 3 月 21 日。

② See Art.6.1, The General Agreement on Tariffs and Trade（1947）.

③ Ibid, fn.2.

调查机关应当适用对第三国出口价格或结构正常价值的方法确定正常价值。在结构正常价值时，应适用原产国的生产成本、费用和利润确定①，也即应遵守价格的严格比较原则，不能使用"替代国"方法正常价值。

（四）导致"特殊市场情形"的通常因素

如前所述，导致特殊情形产生的原因本身不属于"特殊市场情形"。产生这种情形的因素往往需要通过个案进行认定。即便如此，笔者认为，将通常"特殊市场情形"出现的因素梳理出来对于解读这一条款是有帮助的。早在1995年欧共体棉纱案中，欧盟就认为导致"特殊市场情形"出现的因素有两类：一是国内市场结构如垄断，二是外部因素干预②。对于外部干预理论和实践中讨论最多的是政府干预。以上两种因素均可能导致特定产品市场价格不反映供求关系和市场竞争，从而导致价格不可比。除此之外，如前所述，还存在需求模式导致出口国市场与其他市场相比存在特殊性，从而也会导致市场之间的价格不可比。由此可见，在实践中，形成"特殊市场情形"因素通常表现为三种形式。

一是政府干预。众所周知，任何市场都会存在政府干预，究竟什么样的政府干预才算是导致了"特殊市场情形"？本书认为，对于这一问题的探讨需要回归到倾销本质和严格价格比较理论。倾销是企业

---

① Art.2.2, Anti-Dumping Agreement.

② Report of Panel, EC-Imposition of Anti-Dumping Duties on Imports of Cotton Yarn from Brazil, ADP/127（4 July 1995），para.85.

价格歧视行为，而反倾销核心就是通过价格比较确定倾销幅度。倾销和反倾销基本理论框架和制度设计的前提是企业有定价自主权。从这个角度来看，并不是任何政府干预都会导致"特殊市场情形"，只有政府干预导致市场信号失灵，从而导致企业主体在确定涉案产品国内销售价格时，失去了自主权，无法考虑市场竞争时候，才会导致"特殊市场情形"。正如美商务部在早期的特殊市场情形裁决中指出，即便存在政府干预的证据，也一定要有实质性的证据证明该控制如此广泛以至于价格不是由竞争决定[①]。

二是垄断。企业在国内市场垄断本身是倾销发生的一个原因，更容易导致价格歧视，如垄断企业能够在国内市场获得垄断利润，而为抢占国际市场实施低价倾销行为。但垄断也可以成为隐蔽倾销的原因，如在国内市场的特定时期"人为压低价格"，在这种情况下也会导致国内销售价格不适合进行比较，由此导致出口国国内市场存在"特殊市场情形"。同样，垄断本身不能说明构成了"特殊市场情形"，还必须有充足的证据证明这种垄断导致了价格扭曲，从而导致了无法与出口价格进行比较[②]。

三是需求模式。如前所述，此类特殊性存在与出口国市场与其他市场之间的差异，而不是出口国本身市场存在"非正常状态"。比如

---

① 　Issues and Decision Memorandum for the Final Countervailing Duty Determinations of the Investigations of Certain Durum Wheat and Hard Red Spring Wheat from Canada.68 FR 52746（September 5, 2003）. C-122-848.

② 　澳大利亚法院在1992年一个案件的裁决中也坚持了类似的观点，参见 Enichem Anic SRL & Anor v The Anti-Dumping Authority & Anor.（1992）29 ALD 431。

美国在智利三文鱼案中发现，在智利，三文鱼产品是出口导向性的，产品主要面向出口，智利国内市场没有食品级的销售市场，国内市场企业主体普遍以显著低的价格在市场上销售 [1]。在这种情况下，由于消费习惯或消费模式不同导致涉案产品国内市场存在特殊性，不同市场之间的价格不可比，从而导致"特殊市场情形"。

当然，上述三种情形并不是穷尽的，现实市场是复杂的，由于市场特殊性从而影响价格可比性因素也是复杂多样的。正如澳大利亚A2复印纸案中专家组所指，"特殊市场情形"条款本身不可能包含调查机关可能预见的所有情形 [2]。一个客观公正的调查机关需要基于积极的证据在个案中予以判断。然而，值得一提的是，个别成员利用这一条款的模糊性，任意解读这一条款，使这一条款成为贸易保护的一种政策工具，用于约束中国发展的手段，逐渐背离了价格严格比较理论和世贸组织规则。

总之，多边规则框架下，严格价格比较理论要求调查机关要真实地发现倾销行为，并规定了特殊情形下的可比价格选择的方法，特殊市场情形规则就是这一理论下的特殊规定。世贸组织反倾销协定对"特殊市场情形"没有定义。本书认为需要从条款的上下文、条款的功能和目的等多视角理解这一概念。"特殊市场情形"是出口国涉案产品销

---

[1] Notice of Final Determinations of Sales at Less than Fair Value: Fresh Atlantic Salmon from Chile., 63 FR 31411（June 9, 1998），Comment 4.

[2] Report of Panel, Australia-Anti-Dumping Measures on A4 Copy Paper, WT/DS529/R（4 December2019），para.7.21.

售市场存在的特殊状态，由于这种状态导致生产商或出口商涉案产品实际销售价格与出口价格无法进行比较，从而无法发现真实的倾销行为。这种情形存在于涉案产品的销售市场，这与企业在涉案产品销售时出现的非正常贸易过程有区别，也与国家控制所有产品价格的"非市场经济"有所区别。在"存在特殊市场"情形的时候，协议明确要求使用对第三国销售价格或结构正常价值两种方法找到可比价格。

事实上"特殊市场情形"在反倾销调查实践中并不常见，长期以来鲜有成员适用这一条款，从而导致该条款成为协议中的"僵尸条款"。然而，近年来，美国、欧盟和澳大利亚逐步通过修改国内法律，在实践中加以适用，从而激活了这一条款。美国、欧盟和澳大利亚反倾销政策是全球反倾销政策的主导，他们在反倾销调查中对中国的态度和做法直接影响着其他世贸成员对中国反倾销调查的做法。回顾历史，中国入世议定书第 15 条的内容就来自中美关于中国入世的谈判协议。第 15 条到期后，由于美国拒不承认中国市场经济地位，欧盟跟随表示不承认中国市场经济地位，并修改法律创设"严重市场扭曲"的概念，澳大利亚等已承认中国市场经济地位的国家也试图通过特殊市场情形等条款对华继续适用替代的做法。因此，以三个成员立法与实践为样本，比较分析他们的立法与实践以及对中国的影响有着重要的理论和实践意义。本书首先在第二章和第三章中对上述三个成员的立法和实践进行系统比较研究。

第二章
美国、欧盟和澳大利亚的特殊市场
情形规则立法

第一节 立法溯源

特殊市场情形并非在反倾销规则创立之初就存在，而是随着各国对反倾销的认识越来越清晰，反倾销调查实践不断规范精细才在规则中纳入了对"特殊市场情形"的规范。各国对特殊市场情形的认识和规定也有不同的演变路径。要比较美、欧、澳特殊市场情形的立法异同，我们需要首先分别追溯各国的立法历程，还原其立法的本来意图。

一、美国反倾销特殊市场情形立法

美国是世界上较早制定反倾销立法的国家，也是目前全球最为重要的反倾销使用国，其立法和实践在全球一直发挥着引领作用。因此，笔者将在本节先花些笔墨探讨美国反倾销法的发展历程。

（一）美国反倾销法律变迁

如前文所述，美国在建国之初就在指责英国对其的倾销，但最早是从反垄断的角度规范国际贸易不正当竞争行为，如 1890 年制定的《谢尔曼法》①。1916 年，美国制定了第一部正式的反倾销法律，即《1916 年反倾销法》（1916 年收入法第 800—01 款）②。该法将价格歧视行为延伸至掠夺性倾销意图的国际价格歧视行为，并予以刑事处罚，但鉴于该法在适用时对主观意图的举证困难，很少被使用。1921 年美国制定的《紧急关税法》在第 201 节修订了 1916 年反倾销法律规定。该节规定，财政部长在认为有必要调查后，发现美国正在进口一个或一类产品，而该个或该类产品低于公平价值销售，而美国一个产业正在或有可能被损害，或者被阻止建立，则财政部长在认为必要的情况下应当公布调查结果，征收反倾销税，该税应为购买价格或出口商的销售价格与外国市场价值之间的差额③。1921 年美国反倾销法取消了掠夺性倾销意图的判定，也取消了倾销行为的刑事责任。此外，出于可操作性的考虑，外国市场价值通常为外国国内市场销售价格，或如无此数据，则优先适用出口商对第三国市场的销售价格。美国立法者认为使用这样的"硬数据"显然比调查企业成本更容易。这一思路贯穿着美国反倾销法律的历史④。

《1930 年关税法》对反倾销法做了进一步修订，规定财政部负责倾销和损害的调查、裁决并征收反倾销税。1954 年美国通过《关税

---

　　① 　§§1-7 Sherman Antitrust Act, 15 U.S.C.（2006）.

　　② 　Revenue Act of 1916, ch, 463, §§800-01, 39 Stat.756, 798（1916）[codified at 15 U.S.C §§71-72（1982）].

　　③ 　The Emergency Tariff Act of 1921, ch.14, §§201-12, 42 Stat.9, 11-15（1921）.

　　④ 　Ross Denton,（*Why*）*Should Nations Utilize Antidumping Measures?*11 Michigan Journal of International Law Vol.11:224（1989）, p.232.

简化法》，把损害裁决职能转给美国关税委员会，至此美国反倾销法的运行机制由单轨制转向了双轨制。1958年美国在修订的反倾销法律中第一次使用了"结构正常价值"的概念。《1974年贸易法》则对1921年反倾销法作了重大修改，一是在程序方面增加听证程序并严格调查时限；二是对国家控制经济的国家倾销行为进行立法。《1979年贸易法》废除了1921年反倾销法，但基本保留了1921年反倾销法及历次修改的内容，吸收了东京回合谈判成果，并将倾销调查权由财政部转给商务部。《1988年综合贸易与竞争法》在反倾销部分增加了反规避条款、对非市场经济国家规定了判断标准和新计算外国市场价值方法。1994年，根据乌拉圭回合谈判生效的《反倾销协定》，美国对国内反倾销法律做了相应的调整，通过《乌拉圭回合协定法》。该法于1995年1月1日生效，本次修订成为美国现行反倾销法律的基础内容①。

美国反倾销法经历了一个从模糊到清晰，不断创设概念、不断提升可操作性和技术性的发展历程。在这个过程中，美国不断总结经验，精确正常价值的计算方法，针对不同国情设置特殊条款，其中当然也包含特殊市场情形条款。

（二）美国反倾销法特殊市场情形法律规定

现行的美国《1930年关税法》Tariff Act Sec 773（a）（1）（C）规定，当被调查产品在出口国不存在销售，或者销售数量低，无法进行合适

---

① 参见韩立余：《美国外贸法》，法律出版社1999年版，第207—208页。

比较，或者在出口国存在特殊市场情形，从而导致和出口价格或结构出口价格不允许合适比较的情况下，调查机关可以使用出口到有代表性的第三国价格或结构的方法计算正常价值。如果使用出口到第三国的价格进行比较，需要满足三个条件，即（1）该价格具有代表性；（2）有足够数量的销售；（3）第三国销售不存在特殊市场情形从而阻止与出口价格或结构出口价格进行比较。然而，如果调查机关有理由认为出口到第三国销售不能够作为正常价值，则可以使用结构正常价值办法确定正常价值①。

以上就是美国反倾销法律对特殊市场情形的基本规定。从表面看，适用结构正常价值的条件非常苛刻，需要在既无法找到国内价格，也无法找到第三国出口价格的情况下才能适用。但事实上，由于法律规定的模糊性，还是给调查机关留了很大的自由裁量权。

首先，对于什么是特殊市场情形，美国关税法并没有定义。美国反倾销调查手册中给予了一些特殊市场情况可能存在的例子，如当在供比较的市场上仅有一笔交易，而该笔交易大于出口至美国市场交易的 5%；或者在外国市场上存在广泛的政府控制价格从而价格不是竞争所形成的；或者美国和比较市场的需求模式不同；等等②。然而，这些也仅仅是举例，并不是清晰的定义，即便是已经给出的例子，调查机关在调查过程中也完全可以根据实际情况作出自己的判断。比如

---

① See Tariff Act of 1930, 19U.S.C§1677（15）.

② Department of Commerce, ANTIDUMPING MANUL, https://www.trade.gov/us-antidumping-and-countervailing-duties, 最后访问日期：2020 年 3 月 1 日。

"外国市场上存在广泛的政府控制价格从而价格不是竞争所形成的"，如何界定"政府控制价格"，如何判断"价格不是竞争所形成的"，都属于调查机关自由裁量权的范围，具有很强的主观性。

其次，如何界定"理由"，法律同样没有给予明确的规定，而是给予了调查机关较大的自由裁量权。这就导致在事实上是使用第三国销售价格还是结构正常价值并没有先后顺序。但美调查机关行政规章中规定，调查机关通常根据出口到第三国的价格计算正常价值而不是结构正常价值。根据法律，如果出口国国内市场或出口到第三国的国内市场存在特殊市场情形，导致不允许与出口价格或结构出口价格进行比较，则可以使用结构正常价值的方法计算正常价值①。但第三国是否存在特殊市场情形，仍然依靠调查官主观判断。

二、欧盟反倾销特殊市场情形立法

自 1968 年欧盟制定第一部反倾销法律以来，欧盟对反倾销法律进行了数十次修订。笔者梳理了欧盟反倾销立法和实践的历史，发现欧盟反倾销法律关于特殊市场经济情形条款的立法和实践一直在根据形势变化需要不断进行着调整，从考察被调查产品国内销售情况，到考察被调查产品原材料采购市场状况，进而延伸至考察整个行业或涉案国市场状况。这种不断延伸的趋势在立法上的体现就是不断完善的欧盟反倾销法律第 2.3 条、2.5 条和 2.6 条。在这一过程中，"政府干预"逐步成为判断特殊市场情形的重要因素，最终目的是使用"替代国"

---

① 19 CFR 301.404（2），Electronic Code of Federal Regulations e-CFR，http://ecfr. io/Title-19/cfr351_main，最后访问日期：2020 年 1 月 10 日。

数据计算倾销幅度。

而在早期阶段，即 1968 年欧盟制定第一部反倾销法律至 1994 年乌拉圭谈判结束这一期间，笔者认为是欧盟关于特殊市场情形认识较为纯粹的时期。其关于特殊市场情形的表述经历了立法、删除、恢复的过程，表述比较简单，并没有太多的"发挥"，实践中也很少使用这一条款，即便使用也主要用于分析被调查产品同类产品的销售情况。

欧盟第一部反倾销法律公布于 1968 年 4 月 5 日。在该法律中，第一次出现特殊市场情形条款。该法律第 3.1 条规定，如一个产品进入欧共体商业领域，其出口至欧共体的价格低于供消费的出口国国内正常贸易过程中同类产品的可比价格，该行为被认定为倾销行为[①]。第 3.2 条规定，当在出口国国内市场正常贸易过程中没有同类产品的销售或者存在特殊市场情形，导致销售不允许做一个合适的比较，则倾销行为可以通过比较出口至第三国的可比价格（可以是最高的有代表性的第三国出口价格）或者通过比较原产国生产成本加上合理的管理、销售和其他成本以及利润来确定[②]。但什么是特殊市场情形，和美国一样，法律上同样没有做出具体规定。

1979 年，欧盟修订的反倾销反补贴法律（3017/79）取代了 1968 年的反倾销反补贴法律。该修订法律删除了关于"特殊市场情形"的用词。该法第 2.2 条规定，如果出口一个产品至欧共体的价格低于同

[①]　Commission Regulation（EEC）No.459/68.

[②]　Ibid.

类产品的正常价值应该被认定为倾销行为 ①。对于什么是正常价值，该法第 2.3 条规定，正常价值应该是出口国或原产国供消费的同类产品在正常贸易过程中的实际支付或可支付的可比价格，如果在出口国国内市场正常贸易过程中没有同类产品的销售或者这些销售不能够允许一个适当的比较，则可以通过出口至第三国的可比价格（可以是最高的有代表性的价格）或者结构正常价值确定 ②。尽管删除了"特殊市场情形"的表述，但"这些销售不能够允许一个适当的比较"这样的表述还是涵盖了此前特殊市场情形的含义。该部法律分别在 1982 年、1984 年，1987 年、1988 年和 1994 年进行了修改，但第 2.3 条未发生实质性变化。

1994 年乌拉圭回合谈判获得成功。欧盟对其相关法律进行修改，第一次将反倾销和反补贴分开立法，制定了欧盟反倾销法律 (3283/94)。该法律恢复了此前特殊市场情形条款。第 1.2 条规定，倾销指一个产品的出口到欧盟的价格低于出口国在正常贸易过程的同类产品的可比价格。第 2.1 条规定，正常价值通常应当基于出口国国内独立顾客在正常贸易过程中支付的和可支付的价格。第 2.3 条规定，如果在正常贸易过程中没有同类产品的销售或销售数量不足 ③，或者

---

① Commission Regulation（EEC）No.3017/79.

② Ibid.

③ 该法第一次确立了"销售量低"的概念，3.2 条规定，国内用于销售的同类产品的销售数量大于销售到欧盟被调查产品销售数量的 5%，则国内同类产品销售可以被用于确定正常价值。然而，低的数量也可能被用于确定正常价值，例如价格在国内市场被认为具有代表性。[Commission Regulation（EEC）No.3283/94]

由于存在特殊市场情形导致销售不能允许做一个适当的比较，正常价值可以根据原产国的成本加上合理的销售，一般和管理费用以及利润，或者正常贸易过程中对一个合适第三国的出口价格，只要该价格具有代表性 ①，这一条款与世贸组织《反倾销协定》的相关内容基本一致 ②，可见是欧共体根据世贸规则做了修改，并没有自身特殊的考虑。同时，对于什么是特殊市场情形，在什么情况下导致国内同类产品销售不能允许做一个适当的比较，立法未给予明确的规定。

三、澳大利亚反倾销特殊市场情形立法

澳大利亚是发达国家中使用贸易救济措施比较积极的国家。1901年的《海关法》就授权海关总署在反倾销案件提出肯定性裁决之后采取临时担保措施。经过历次修正，《1901 海关法》（*Customs Act 1901*）特别是第 XVB 部分和《2015 海关条例》（*Customs Regulation 2015*）、《2015 海关条例（国际责任）》〔*Customs（International Obligations）Regulation 2015*〕一起构成了现行澳大利亚反倾销法律制度中的基本法。

关于如何确定正常价值，澳大利亚关税法（Customs Act 1901）269TAC（1）规定：出口至澳大利亚的任何产品的正常价值是出口商

---

① Commission Regulation（EEC）No.3283/94.

② 唐汉容：《阿根廷诉欧盟生物柴油反倾销措施案评析——以欧盟成本调整方法为中心》，西南政法大学 2017 年硕士论文。

在出口国供消费的同类产品公平交易中（arm length transactions）① 在正常贸易过程支付的或可支付的销售价格，或者如果出口商在出口国没有此类销售，则为其他销售者此类销售支付或可支付的价格。

此外，该法也规定了不能根据正常方法确定正常价值的例外情况，包括：（a）如果出口国市场没有同类产品销售或销售量低或者出口国市场中的销售状况（situation）不适合根据上款确定价格，从而导致出口至澳大利亚产品的正常价值不能够根据上款进行确定。（b）如果出口国供消费的同类产品的公平交易没有在正常贸易过程进行的，且在合理时间内无法获得其他同类产品销售者销售价格信息，则正常价值为被调查产品在出口国生产或制造成本，以及假定该产品在出口国正常贸易情况下，被销售所发生的与销售相关的管理、销售和一般成本及利润。或者为同类产品的公平交易在正常贸易过程出口至一个合适第三国的价格②。也就是说，如果在例外情况下找不到可比的国内销售价格，可以采用结构正常价值或使用出口至第三国的数据来计算正常价值，但法律中并没有对"特殊市场情形"做出明确规定，仅有类似的规定，即"出口国市场中的销售状况（situation）不适合根据上款确定价格"③。对于什么样的"市场状况"以及如何导致无法

---

① 269TAA 条列举了不被认为公平销售的情形，包括在采购商品时候考虑除了价格外的其他因素，价格表面上受到了买卖双方商业或其他关系的影响；部长认为买方直接或间接接受了价格全部或部分的退款、补偿或其他利益。但该法律列举的条件是非穷尽的，还存在其他的条件，调查机关主要根据真实谈判的过程和结果来确定。参见 Customs Act 1901, 48 section, 269TAA.

② Customs Act 1901, Section 269TAC（2）.

③ Customs Act 1901, Section 269TAC（2）（a）（ii）.

根据销售确定价格，法律没有明确的规定和标准。

而对于在存在上述"市场状况"下如何计算正常价值，澳大利亚规定了两种替代做法：一是结构正常价值；二是对第三国销售。而对于如何结构正常价值，澳大利亚的法规（Customs Regulation）进一步作了详细规定。

其一，关于生产和制造成本，应根据一个出口商保存的同类产品的记录确定，只要该记录符合出口国的公认会计准则（GAAP）以及这些记录合理反映同类产品生产和制造相关的竞争市场成本[1]。

其二，关于管理、销售和一般费用，应根据一个出口商保存的同类产品的记录确定，只要该记录符合出口商公认会计准则以及这些记录合理反映与同类产品销售相关的管理、销售和一般费用[2]。

对于"合理反映竞争市场成本"，澳大利亚《反倾销和反补贴手册》第9章对"合理反映"进行了解释，即成本要素可以被会计账簿所支持，并且成本本身要合理，也就是出口商成本分摊方法要合理。在此基础上，调查机关会进一步审查是否合理反映了"竞争市场成本"，对于何为"竞争"市场，通常需要根据具体案件情况确定，通常在以下三种情况下，调查机关会认定成本没有反映"竞争"市场成本，即主要投入物是出口商的关联方生产的，主要投入是出口商控制的子公司生产，或来源于一体化加工商，或主要投入被政府干预。《反倾销和反补贴手册》进一步指出，政府干预通常是指国有企业供应原材料

---

① Customs Regulation 2015180（2）.

② Customs Regulation 2015181（2）.

或者其他形式的政府干预①。

如果存在上述不"合理反映竞争市场成本"的情况，调查机关会认为出口商成本记录无法使用，则调查机关可以采用其他信息计算这些成本和费用。《反倾销和反补贴手册》规定，如果当政府干预涉及市场上主要投入物的所有供应，导致出口国市场上没有合适的市场价格，则调查机关可以考虑其他替代国的价格。在澳大利亚对中国铝轮毂反倾销案中，中国应诉抗辩认为，在澳大利亚的法律法规中并没有授权调查机关在结构正常价值中使用替代价格，但调查机关认为，根据澳大利亚法规 180 条，如果满足法律条件，生产成本必须要根据出口商保存的记录信息为基础确定，但如果条件没有满足，调查机关可以使用合理反映竞争市场的成本数据予以替代②。由此可见，澳大利亚调查机关认为，在结构正常价值时，法律并不禁止使用替代的成本和价格。

四、美、欧、澳反倾销特殊市场情形立法共性

从美、欧、澳反倾销早期法律对特殊市场情形的规定看，其共性比较突出，呈现以下特点：

首先，对"特殊市场情形"这一概念都没有给出确切的定义，更

---

① Anti-Dumping Commission, Dumping and Subsidy Manual（April 2017），online at: http://www.adcommission.gov.au/accessadsystem/Documents/Dumping%20and%20Sub-sidy%20Manual%20-%20April%202017.pdf.，最后访问日期：2020 年 1 月 20 日。

② ALUMINIUM ROAD WHEELS EXPORTED FROM THE PEOPLE'S REPUBLIC OF CHINA, FINDING IN RELATION TO ANTIDUMPING INVESTIGATION（12 JUNE 2012），APPENDIXA, p.15.

没有特定的指向性。三方早期的法律都仅仅提及"特殊市场情形"这一概念，却没有对其进行定义。这种模糊性为日后这一条款的演变发展提供了空间。

其次，"特殊市场情形"是构成国内价格与出口价格严格比较特殊情形之一，是适用出口第三国价格或结构正常价值的条件之一，而非其他。在三方法律中，都将"特殊市场情形"作为可以使用出口第三国价格或结构正常价值的一种情况。对于如何结构正常价值，在法律中也有明确的规定，根据三方的法律，特殊市场情形并不导致特殊的结构正常价值方法。然而，这种情况在后期发生了变化。

最后，早期三方对特殊市场情形的规定是出于实践考虑。在实践中，确实会有一些特殊的市场状况导致国内价格与出口价格不可比，但又无法穷尽各种市场状况，因此使用"特殊市场情形"概念，给予调查机关在调查实践中灵活变通的权利。

综上可以看出，早期特殊市场情形条款并未引起各调查机关的重视。除了模糊的概念，这一条款在实践中很少被适用。这说明当时各方都认为特殊市场情形应当是极为特殊的市场情况，尽管其在实践中存在出现的可能，但出现的概率很小，并不是一种常见的情况。

第二节 立法变化

一、美国反倾销特殊市场情形立法变化

2015 年 6 月，美国国会通过了贸易优惠延长法（Trade Preferences Extension Act, TPEA），也称贸易救济法。2015 年 6 月 29 日，

时任总统奥巴马签署了该法。该法对美国反倾销和反补贴法律做了重大修改。

其一，TEPA 504 节（a）规定，如果特殊市场情形存在，导致无法与出口价格或结构出口价格进行比较，调查机关可以将其视为"非正常贸易过程"①。

其二，TEPA504（c）规定，"如果特殊市场情形存在，导致原材料成本和生产过程或者其他加工过程在一定程度上不能准确反映在正常贸易过程中的生产成本，调查机关可以使用在本节中的其他方法或者任何其他计算方法"②。

其三，TPEA 505 节改变了申请人对外国生产商低于成本销售指控的程序性规定。在原程序中，美商务部要求申请人提出指控，并提交相关证据。美商务部认为，存在合理证据表明外国生产商在可比市场的销售价格低于生产成本，方可提起调查，并要求应诉公司提供相关成本信息，否则应诉公司不需要提交成本数据。而在新法中，美商务部则要求应诉公司在所有反倾销调查和复审中，都要提供成本数据，使得商务部可以判断是否存在低于成本销售的现象③。

由此可见，TPEA 对 1930 年关税法的两项重大修改，直接影响到美国商务部此后的反倾销调查实践。

---

① Trade Preference Extension Act of 2015, Pub.L.No.114-27, 129 Stat.362（2015）（TPEA），§504（a）.

② Ibid, Section 504（c）.

③ Ibid, Section 505.

首先，新法将"特殊市场情形"认定为"非正常贸易过程"，使得适用结构正常价值或对第三国出口价格确定正常价值的范围扩大。根据原美国关税法771（15）规定，正常贸易过程指的是这样一种情形或状态：在被调查产品出口之前的合理时间内，该同类产品的贸易一直是正常的。调查机关应该认定以下销售和交易是非正常贸易过程，即（A）根据773（b）（1）被忽略的交易（也即未通过臂长测试的关联销售）；（B）根据773（f）（2）被忽略的交易（也即低于成本销售）。根据修改后的1930年关税法，"非正常贸易过程"出现了第三种类型，即特殊市场情形①。在这种情况下，调查机关可以不认可国内销售价格，而使用结构正常价值或对第三国出口价格确定正常价值。

其次，将特殊市场情形引入结构正常价值条款。根据原1930年关税法773（e）规定，为结构正常价值目的，进口产品的结构正常价值应该包括以下内容：（1）正常商业用于生产被调查产品的原材料、生产和其他相关加工成本；（2）被调查生产商或出口商在正常贸易过程与被调查产品同类产品生产和销售相关的，实际发生的销售、一般和管理费用以及利润；（3）集装箱和包装成本以及其他用于运输至美国所需要的包装成本。根据TEPA504（c）在原条款下增加一条，"为（1）段的目的，如果特殊市场情形存在导致原材料、生产和其他加工成本不能准确反映正常贸易过程的生产成本，调查机关可以使用

---

① Tariff Act of 1930, as amended , §771（15）;19U.S.C§1677（15）;as amended by Trade Preferences Extension Act of 2015, P.L.114-27, §504（a）.

本条款下其他计算方法或者其他任何计算方法"①。在今后案件中，调查机关不仅可以根据 771（15）（C）规定考察被调查产品同类产品外国市场是否存在特殊市场情形，从而拒绝使用被调查产品同类产品的国内销售价格，还可以在结构价值过程中，考察上游原材料和投入物市场，如果应诉公司在生产过程和原材料采购中存在特殊市场情形，便可以拒绝使用应诉公司实际发生的成本数据，而采取其他的方法确定其生产成本，包括使用替代方法，这进一步扩大了调查机关的自由裁量权，为其使用替代方法提供了法律依据②。

2016 年 8 月 25 日，美国商务部修改了反倾销反补贴行政规则中有关正常价值确定方法的相关规定。本次修正的反倾销行政法规主要涉及 351.404（f）条款。原条款规定，调查机关通常选择出口到第三国的价格确定正常价值而不是结构正常价值。但根据修订后的法规，调查机关将优先选择结构正常价值的方法而非通过第三国销售价格确定正常价值③。

该规则修改与 2015 年《贸易优惠延长法》是相互关联的。其一，既然在调查程序开始时要求提交答卷的应诉公司提供成本信息，那么就需要首先采用结构正常价值方法计算倾销幅度，否则根据 2015 贸

---

① Tariff Act of 1930, as amended, §773（e）;19U.S.C§1677b（e）;as amended by Trade Preferences Extension Act of 2015, P.L.114-27, §504（c）.

② Mikyung Yun, *The Use of "Particular Market Situation" Provision and its Implications for Regulation of Antidumping*, East Asian Economic Review vol.21, no.3（September 2017）, pp.231-257.

③ §351.404（f）, Chapter III- International Trade Administration Department of Commerce.

易优惠延长法要求应诉公司提交成本信息的规定就没有了实质意义。其二，在结构正常价值时，美商务部可以对原材料市场是否存在特殊市场情形进行考察，从而为其使用替代方法提供了空间，进而达到2015 年法制定的目的。

经过了一系列立法调整，美国特殊市场情形立法已将特殊市场情形适用范围扩展至涉案产品的成本，从而可以在结构正常价值时对成本进行调整，计算出或者扩大涉案国家的倾销幅度。虽然美国当前只是对韩国等成员适用特殊市场情形，但其中有明确的中国因素，其准备为中国实施特殊市场条款的意图很明显，为继续对中国适用替代国方法做好了准备①。

二、欧盟反倾销特殊市场情形立法变化

（一）特殊市场情形适用范围向原材料延伸

欧盟一直是能源纯进口地区，在能源成本占生产成本较大比重的钢铁、石油化工、化肥等领域，欧盟产业竞争力与俄罗斯、乌克兰等周边国家相比并不明显。因此，欧盟将这种竞争力不足归咎于俄罗斯等能源优势国家的不正当竞争，在反倾销调查中则体现在对被调查产品能源投入的成本问题的关注上，并将特殊市场情形的概念延伸至被调查产品及其同类产品的原材料领域。

---

① Matthew R. Nicely & Brian Gatta，*U.S. Trade Preferences Extension Act（TPEA）of 2015 Could Lead to Increased Use of "Particular Market Situation" in Calculating Normal Value in Anti-Dumping Cases*, Global Trade and Customs Journal, Vol.11, Issue 5（2016），pp.238-243.

2002 年 11 月 5 日，欧盟颁布 2002 年 1972 号法案（1972/2002），对特殊市场情形条款进行相应修改。主要的修改有两点：

其一，在反倾销法律第 2.3 条增加一款，"特殊市场情形可以被认为存在，也就是，当价格人为压低（artificially low），或者存在显著的易货贸易，或者存在非商业性加工安排"。欧盟在其修改说明中认为，特殊市场情形可以是因为存在易货交易，或者其他非商业加工安排或其他市场障碍，导致市场信号不能适当反映供求关系的变化，从而不能对相关的成本和价格造成影响，导致国内价格与国际市场价格或其他代表性市场价格不一致。同时欧盟也认为，任何澄清都不可能穷尽所有允许适当比较的情形①。

从上述立法修改及其说明可以看出，根据欧盟立法，特殊市场情形涉及的具体情形是不周延的，但有两个判断标准，一是市场上存在特殊因素阻碍了市场信号对供求关系的反应；二是国内市场价格由于受到影响，但如何判断国内价格受到了影响，则需要比较国内市场价格和国际市场价格及其他有代表性市场价格。此外，根据立法说明，特殊市场情形可扩展至被调查产品及其同类产品的成本，这实质上扩展了特殊市场情形的适用范围，即原材料特殊市场情形。

其二，对第 2.5 条进行相应修改，增加："如果与被调查产品生产和销售相关的成本不能够合理反映在被调查主体的财务记录中，这些

---

①　Commission Regulation（EEC）No.1972/2002.

成本应该被调整或基于同一国家其他生产商或出口商的成本信息予以确立，或者如果这些信息不能够获得或不能够被使用，可以在其他合理基础上确定，包括使用其他有代表性市场的信息。"[1] 欧盟在其修改说明中认为，当存在特殊市场情形，会计记录不能够合理反映被调查产品的生产和销售成本情况下，调查机关可以从未被扭曲的来源中获取数据，这种来源可以是在同一国家其他生产商或出口商的数据，如果这个信息不可以获得或者不能被使用，调查机关可以使用任何其他合理的方法，包括使用其他代表性市场的数据[2]。调查机关既可以对被调查主体的会计记录数据进行调整，也可以直接为其确定相关成本数据。

在完成第 2.5 条修改后，欧盟完成了将特殊市场情形由被调查产品及其同类产品向原材料投入物的延伸。

（二）特殊市场情形变形——"严重市场扭曲"立法

2016 年 12 月 11 日，中国《入世议定书》第 15 条中关于反倾销"替代国"做法的条款到期，标志着欧盟将中国视为非市场经济国家从而适用"替代国"做法的国际法依据已经失效。尽管欧盟拒绝承认中国市场经济地位，但其也深知继续使用原有的非市场经济国家条款存在着在世贸组织争端解决机制败诉的风险，故而制定了所谓"反

---

① 黄毓智：《论美欧反倾销中特殊市场状况的认定及中国的应对》，华东政法大学 2018 年硕士学位论文，第 35 页。

② 庞艳飞：《论欧盟反倾销法"成本替代"规则的 WTO 合规性》，华东政法大学 2017 年硕士论文，第 15 页。

倾销计算新方法"的立法,该方法"换汤不换药",将被调查产品特殊市场情形和原材料特殊市场情形相互结合,考察涉案国整体市场状况,创设了一个新的概念"严重市场扭曲",并据此继续使用替代国做法。

欧盟于 2018 年 1 月 1 日起实施的新的反倾销条例新增了关于"市场严重扭曲"条款,规定了在存在严重市场扭曲导致不适合使用国内价格和成本的情况下,可使用替代数据结构正常价值。欧盟新的立法[①]增加了第 2 条第 6 款 a 项,在该项下有 (a) (b) (c) (d) 和 (e) 5 个段落,其中前两段是实质内容。

(a) 段规定了在市场扭曲条件下,结构正常价值的方法。即欧盟调查机关一旦认定存在严重市场扭曲,在结构正常价值时可使用未被扭曲的国际价格、成本或基准,包括使用第三国成本和价格。(b) 段对何谓"严重市场扭曲"进行了说明。即当包括原材料成本在内的价格或成本受到政府干预而非自由市场力量支配时,可视为存在严重市场扭曲,并列举了调查机关认定存在严重市场扭曲的考虑因素。(c) (d) 和 (e) 是关于透明度和效率的规定,即欧委会有关机构计划发布公开报告,阐述关于特定国家或产业市场环境的特

---

① REGULATION(EU)2017/2321 OF THE EUROPEAN PARLIAMENT AND OF THE COUNCIL of 12 December 2017 amending Regulation(EU)2016/1036 on Protection Against Dumped Imports from Countries not Members of the European Union and Regulation (EU)2016/1037 on Protection Against Subsidised Imports from Countries not Members of the European Union,https://eur-lex.europa.eu/legal-content/EN/TXT/?uri=CELEX:32017R2321,最后访问日期:2020 年 2 月 5 日。

定情况。

2017 年 12 月 20 日，欧盟委员会根据新法要求，在公布新法的同时发布了关于中国市场扭曲的报告。在这份报告中，欧盟委员会从三个方面分析了中国市场扭曲的情况。第一部分论述了中国整体经济运行特点，即所谓的"横向扭曲"。欧盟认为，根据中国的《宪法》、《公司法》、"十三五规划"等法律和文件，尽管市场已经发挥了作用，但国家决定性作用仍然存在。第二部分论述了生产要素的扭曲。报告称，中国政府对土地、能源、资本、原材料和劳动力市场进行干预，导致这些生产要素的配置和定价受到政府影响，不是自由市场竞争的结果。第三部分论述了具体产业部门扭曲。报告对中国钢铁、铝、化工和陶瓷四个行业进行了分析，由于政府通过政策规划、补贴、金融支持等对这些行业进行干预，导致这些行业产能过剩，这些行业的生产、销售、价格受到政府干预的影响，不是自由市场竞争的结果，因此存在扭曲[①]。

根据欧盟反倾销计算新方法，欧盟产业可以将欧委会发布的国家报告作为证据，要求在反倾销调查中使用新的倾销计算方法，并且在每次反倾销调查中，欧委会将审查是否要根据报告中的所有证据应用新方法，而所有被诉方，包括有关国家政府和出口生产商，有机会对

---

① COMMISSION STAFF WORKING DOCUMENT ON SIGNIFICANT DISTORTIONS IN THE ECONOMY OF THE PEOPLE'S REPUBLIC OF CHINA FOR THE PURPOSES OF TRADE DEFENCE INVESTIGATIONS, https://trade.ec.europa.eu/doclib/docs/2017/december/tradoc_156474.pdf, 最后访问日期：2020 年 3 月 10 日。

有关报告中的任何调查记录发表评论和反驳。然而，欧盟发布的报告本身存在诸多事实和法律问题，一方面从事实上角度看，欧盟调查机关是选择性地选取一些事实得出了偏见结论，另一方面从法律程序上说，欧盟调查机关是在调查前就预设了一个假定，有损调查的公正性，也有损调查机关公平、善意的基本原则①。

（三）新方法与原材料替代方法比较

欧盟现行反倾销条例中关于正常价值的确定条款包括了第 2 条 1—7 款。其确定正常价值包括以下几个关键点：

一是第 2 条第 2 款规定，正常价值通常应基于同类产品国内销售价格确定。二是第 2 条第 3 款规定了在没有国内销售或正常贸易条件下销售量不足及不允许正常比较的特殊市场情形下，可以不适用内销价格计算正常价值，而是采用销售给第三国的出口价格或结构正常价值的方法②。该款还定义了特殊市场情形的三种情况，即价格被人为压低、易货贸易及非商业过程安排。三是在结构正常价值时的成本选择时，第 2 条第 5 款规定了成本记录通常应基于被调查方的会计记录，且该会计记录应符合被调查国会计准则，并能合理

---

① 管健：《欧盟反倾销新方法评析》，载《武大国际法评论》2019 年第 5 期。

② 结构正常价值是指使用被调查企业的生产成本和销售、管理费用，加上合理利润的方法确定正常价值。REGULATION（EU）2017/2321 OF THE EUROPEAN PARLIAMENT AND OF THE COUNCIL of 12 December 2017 amending Regulation（EU）2016/1036 on Protection Against Dumped Imports from Countries not Members of the European Union and Regulation（EU）2016/1037 on Protection Against Subsidised Imports from Countries not Members of the European Union，https://eur-lex.europa.eu/legal-content/EN/TXT/?uri=CELEX:32017R2321，最后访问日期：2020 年 3 月 5 日。

反映与被调查产品的生产和销售有关的成本。而当不能合理反映时，需要基于该国其他生产者的成本进行调整，如不能，则可以使用其他合理的价格基础，包括其他有代表性的市场的信息。四是第 2 条第 6 款规定了销售、一般和管理费用的计算。五是第 2 条第 7 款规定了针对非市场经济国家计算正常价值的特殊方法，即"替代国"做法①。它的基本逻辑链条是：原则上使用国内销售价格——特殊情况选择对第三国销售价格或结构正常价值方法——非市场经济国家使用替代国计算正常价值。

从欧盟反倾销条例的框架来看，在确定正常价值的部分逻辑思路是十分清晰的，大体上和世贸组织反倾销协议条文基本相互对应。而新增的第 2.6（a）款实质上是与现有的第 2 条第 3 款至第 6 款平行的新的确定正常价值方法，它的逻辑链条是：确定市场严重扭曲——导致国内价格和成本的不适用——使用外部数据结构正常价值。尽管欧盟一再强调新方法具有普适性，不针对任何特定国家，但其针对中国的意图十分明显。由此可见，这种方法就是要在"替代国"做法取消后，创设一个与其类似的翻版方法。

---

① REGULATION（EU）2017/2321 OF THE EUROPEAN PARLIAMENT AND OF THE COUNCIL of 12 December 2017 amending Regulation（EU）2016/1036 on Protection Against Dumped Imports from Countries not Members of the European Union and Regulation（EU）2016/1037 on Protection Against Subsidised Imports from Countries not Members of the European Union，https://eur-lex.europa.eu/legal-content/EN/TXT/?uri=CELEX:32017R2321，最后访问日期：2020 年 3 月 5 日。

三、澳大利亚反倾销特殊市场情形立法变化

2005 年 4 月，澳大利亚政府承认中国市场经济地位，因此在对中国的反倾销调查中不能使用"替代国"方法计算倾销幅度 ①。此后的四年中，在澳大利亚对中国发起的反倾销调查中，中国企业普遍获得了较好的结果。如对中国发起的焊管、层压安全玻璃反倾销案中，澳大利亚终止调查 ②。在碳酸氢钠、蘑菇罐头、卫生纸等案中，中国应诉企业普遍获得较低的关税 ③。这与此前澳大利亚使用非市场经济方法经常计算的较高的反倾销税相比，中国企业获得了实实在在的利益，这也引起了澳国内产业的不满，使得澳大利亚调查机关受到了产业界的巨大压力。为此，澳大利亚开始对中国适用特殊市场情形条

---

① Memorandum of Understanding between the Department of Foreign Affairs and the Trade of Australia and the Ministry of Commerce of the People's Republic of China on the Recognition of China's Full Market Economy Status and the Commencement of Negotiation of a Free Trade Agreement between Australia and the People's Republic of China（Dep't of For. Affairs & Trade, Apr.18, 2005），https://dfat.gov.au/trade/agreements/chafta/Documents/mou_aust-china_fta.pdf，最后访问日期：2020 年 1 月 20 日。

② Australian Customs Service, CERTAIN HOLLOW STEEL SECTIONS FROM THE REPUBLIC OF CHINA, THE REPUBLIC OF KOREA, MALAYSIA AND THAILAND（April 2005）；Clear laminated safety glass exported from the People's Republic of China and the Republic of Indonesia（December 2006）.

③ 在碳酸氢钠案中中国应诉企业获得了 3.0% 的税率，参见 Australian Customs Service, SODIUM HYDROGEN CARBONATE（SODIUM BICARBONATE）FROM THE PEOPLE'S REPUBLIC OF CHINA（2005）；在蘑菇罐头案中，中国两家应诉公司税率分别为 4.2% 和-4.5%，参见 Australian Customs Service, PRESERVED MUSHROOMS EXPORTED FROM THE PEOPLE'S REPUBLIC OF CHINA（2005）；在卫生纸案中，中国应诉企业获得了 2%—10% 的税率，参见 Australian Customs Service, TOILET PAPER EXPORTED FROMTHE PEOPLE'S REPUBLIC OF CHINAANDTHE REPUBLIC OF INDONESIA（2008）。

款，借此提高因弃用"替代国"做法带来的低税率。

2009年6月，澳大利亚对其《反倾销和反补贴手册》进行了一项重要修改，对"特殊市场情形"进行了定义和澄清。2017年4月，澳大利亚发布了最新修订的《反倾销和反补贴手册》，对特殊市场情形进行了进一步解释。该手册认为，在特殊市场情形下，因为其价格不能反映一个在正常市场情况下的公平价格（a fair price），国内销售可能不适合确定正常价值。由于关税法并没有对特殊市场情形进行定义，调查机关需要根据调查到的事实在个案中确定，并需要详细解释销售不适合确定正常价值的原因。根据该手册，在考虑特殊市场情形时可能涉及以下因素：一是价格是否人为压低；二是在市场上是否存在其他情况导致该市场的销售不适于依据海关法269TAC（1）确定价格[①]。

就第一个因素而言，政府对价格或成本的干预可能是人为压低的一个因素。该政府干预可能来自各层级的政府。在调查是否存在政府干预时，调查机关将考察政府对国内市场的介入产生的影响是否实质性扭曲了竞争条件。如果发现竞争条件已经被实质扭曲则可能会认定国内价格被人为压低或者该价格与在竞争市场形成的价格存在显著的差异，那么则可确定此为特殊市场情形。例如，国有企业在市场中的存在可能是政府扭曲竞争的一种情况，属于导致价格人为压低的一种情形。国有企业的存在本身并不一定得出销售价格不合适的结论，但

---

①　Anti-Dumping Commission, Dumping and Subsidy Manual（April 2017），pp.35-37, online at: http://www.adcommission.gov.au/accessadsystem/Documents/Dumping%20and%20Subsidy%20Manual%20-%20April%202017.pdf，最后访问日期：2020年1月20日。

数量众多的国有企业以及它们的任何亏损销售都有可能给市场上私营企业的价格造成重大扭曲，从而导致市场中的市场因素在确定价格时不在占据主导地位①。

此外，手册进一步把政府干预因素向成本领域延伸，认为由于政府干预投入物成本，从而造成成本扭曲也可能导致涉案产品价格被压低或低于在竞争市场上应有的价格。仅仅存在政府对投入物成本的干预本身不足以导致销售不适合用于比较，调查机关需要考察这种干预对市场状况的影响以及国内价格不再被认为是正常竞争市场普遍存在价格的程度。政府对成本的干预只有在这些成本被证明影响国内价格的时候才可以认定销售不适当②。

由此可见，澳大利亚调查机关在对第一个因素审查时重点关注以下四个方面：第一，任何市场都会存在不同程度的政府干预，但只有严重的政府干预，导致了实质性扭曲竞争条件，才会使同类产品的价格不适合作为确定正常价值的依据。但如何界定"严重""实质性"，需要根据个案进行判断。第二，调查机关对政府干预对同类产品价格影响的审查并不需要被量化。第三，调查机关也会审查政府对投入物成本和相关费用的影响，判断其是否存在严重的政府干预，导致实质性扭曲竞争条件，进而导致成本价格不合理，即成本不合理反映竞争市场的成本，或者相关费用不合理。第四，即便存在政府对投入成本和相关费用的严重干预，且导致成本和费用不合理，调查机关也需要

---

① Anti-Dumping Commission, Dumping and Subsidy Manual（April 2017），p.36.

② Anti-Dumping Commission, Dumping and Subsidy Manual（April 2017），pp.44-47.

进一步审查，这种不合理是否影响了同类产品价格，进而导致同类产品国内销售不适合确定正常价值。

关于第二个因素，即销售本身的一系列条件也可能导致这些销售价格不适合确定正常价值，主要包括：第一，出口商国内市场和出口至澳大利亚市场存在不同需求模式，如国内销售与出口销售在特征和设计方面存在显著不同，在国内市场销售中存在不寻常的销售模式，等等。上述情况假定调查机关不能通过合理的调整保证国内价格的可比性。第二，只有给予一个客户的一笔销售占出口澳大利亚销售的5%。第三，重大的易货贸易。第四，非商业性交易安排①。

综上，澳大利亚在现有法律框架下，通过修改具体调查手册的方式激活"特殊市场情形"条款。在这些要件中，一方面，澳大利亚调查机关存在明显的结果导向和目的，实质是将政府干预涉案产品及其成本作为"特殊市场情形"的一个重要因素；另一方面并没有准确把握"特殊市场情形"内涵和外延，将具体销售条件，如易货交易、存在一笔销售等列入"特殊市场情形"。

第三节　关于美、欧、澳"激活"特殊市场倾销条款的比较

一、"激活"背景之比较

概括而言，特殊市场情形条款本身作为"僵尸条款"，但近年来

---

①　Anti-Dumping Commission, Dumping and Subsidy Manual（April 2017），p.37.

开始被美、欧、澳纷纷激活这一条款，其背景各有不同，但有一个共同的因素，即中国因素。这些成员希望通过该条款提高对中国企业反倾销调查的倾销幅度。

（1）美国——间接的中国因素。美国当前仍将中国认定为非市场经济国家，本身并不需要适用这一条款，直接使用替代国的做法计算倾销幅度[①]。然而，随着中国产品占据国际市场，与中国有着密切经贸往来的国家从中国采购原材料进行生产，在美国市场上竞争力不断增强，对美国制造企业的压力增大，如韩国和东盟一些国家。美国需要采取必要的措施加以应对[②]。特别是近年来，美国对韩国发起反倾销调查时，由于韩国企业公司化水平高，应对反倾销调查经验丰富，很难计算出倾销幅度，这也对调查机关造成很大的压力。在这样背景下，美国修订相关法律，激活了特殊市场情形条款。

（2）欧盟——俄罗斯因素与中国因素。欧盟最早激活特殊市场情形条款的主要目的是针对俄罗斯，在承认俄罗斯市场经济地位后，欧盟修订其反倾销基本法，以应对俄罗斯等国家资源优势明显产业的挑

---

① Memorandum from Leah Wils-Owens, Office of Policy, Enforcement & Compliance to Gary Taverman, Associate Deputy Assistant Secretary for Anti-dumping and Countervailing Duty Operations, "China's Status as a Non-Market Economy"（U.S. Dep't Com., Oct.26, 2017），https://enforcement.trade.gov/download/prc-nme-status/prc-nme-review-final-103017.pdf, 最后访问日期：2020 年 1 月 10 日。

② Matthew R. Nicely & Brian Gatta，*U.S. Trade Preferences Extension Act（TPEA）of 2015 Could Lead to Increased Use of "Particular Market Situation" in Calculating Normal Value in Anti-Dumping Cases*, Global Trade and Customs Journal, Vol.11, Issue 5（2016），pp.238-243.

战。这些国家拥有丰富的自然资源如天然气和电力，而这些自然资源出口价格明显高于国内市场价格，从而导致主要使用这些资源作为投入物的产品在与欧盟制造企业竞争中处于优势地位，为了纠正这个优势地位，欧盟通过激活特殊市场情形条款人为提高自这些国家进口产品的成本，从而提高其出口商倾销幅度①。随着中国《入世议定书》第 15 条的到期，欧盟对在劳动力、原材料、人工、环境等各方面成本都处于优势地位的中国制造企业，仅仅凭借特殊市场经济条款提高其主要投入物的成本即"部分替代"的方法无法满足需求，需要继续直接保留使用替代国的手段，因此创设了所谓"严重市场扭曲"条款，降低申请人的举证责任，并可以直接对中国产业使用"替代国"方法，从而达到与立法之前相同的保护水平②。

（3）澳大利亚——明显的中国因素。澳大利亚激活特殊市场情形条款的主要目的是针对中国，特别是在承认中国市场经济地位后，无法直接采用替代国的手段计算倾销幅度，通过激活特殊市场情形条款，在个案中部分提高主要投入物的成本，从而达到提高倾销幅度的目的③。

---

① Christian TIETJE, Bernhard KLUTTIG and Martina FRANKE, *Cost of Production Adjustments in Anti-dumping Proceedings: Challenging Raw Material Inputs Dual Pricing Systemsin EU Anti-dumping Law and Practice*, Journal of World Trade 45, No.5（2011）:1071–1102.

② European Council Press Release IP231/17, Anti-Dumping Methodology: Council Agrees Negotiating Position（May 3, 2017）.

③ 赵海乐：《澳大利亚对华反倾销中"特殊市场情况"的滥用》，载于《国际经贸探索》2014 年第 6 期。

二、适用条件之比较

三个成员对于什么因素导致特殊市场情形均未做出明确的定义。从上一章分析来看，均通过非周延式的列举方式规定了相关的类型。

美国在其反倾销调查指南中列举了三种类型，一是当在供比较的市场上仅有一笔交易，而该交易大于出口至美国市场交易的 5%；二是在外国市场上存在广泛的政府控制价格从而价格不是竞争所形成的；三是美国和比较市场的需求模式不同①。

欧盟则认为导致特殊市场情形通常包括了三种类型，即人为压低价格，存在显著的易货贸易，或者存在非商业性加工安排。同时欧盟增加了严重扭曲市场条款，强调了政府干预对产品价格和成本的影响②。

澳大利亚则认为导致特殊市场情形包括五种类型：价格人为压低，不同的需求和销售模式，一个客户一笔较大数量的销售，重大的易货贸易，非商业性交易安排③。

比较上述三个成员的立法，笔者发现，虽然各有不同，但总体还是一致的，即在出口国出现了特殊的情况，而这种特殊情况即可能是"人为"因素导致市场信号不能适当反映供求关系的变化从而导致价格不反映市场竞争，如政府干预或者市场垄断行为，或者企业产品

---

① Department of Commerce, ANTIDUMPING MANUL, https://www.trade.gov/us-antidumping-and-countervailing-duties, 最后访问日期：2020 年 3 月 1 日。

② See Article 2（6），Commission Regulation（EU）2017/2321.

③ Anti-Dumping Commission, Dumping and Subsidy Manual（April 2017），pp.35-37.

的定价行为存在特殊考虑而不反映市场信号，如易货交易、非商业性交易安排等，从而导致国内市场价格无法与出口价格进行比较。近年来，实践中，三个成员不约而同地重点关注政府干预这一因素，审查政府补贴、国有企业、政府对市场和进出口的控制行为等，并认定这些因素影响市场供求关系，从而影响了市场的竞争和价格的形成。

三、适用范围之比较

根据美国法律规定，当被调查产品在出口国存在特殊市场情形，从而导致和出口价格或结构出口价格不允许合适比较的情况下，调查机关可以使用出口到有代表性的第三国价格或结构的方法计算正常价值。如果特殊市场情形存在导致原材料、生产和其他加工成本不能准确反映正常贸易过程的生产成本，调查机关可以使用本条款下其他计算方法或者其他任何计算方法[①]。美国通过修改法律的方式将特殊市场情形延伸到涉案产品的成本领域，也即美国特殊市场情形适用于涉案产品国内销售价格的确定，也适用于涉案产品成本的确定。如前所述，欧盟立法逐步将特殊市场情形从对涉案产品价格的影响延伸至涉案产品的成本领域，进而直接规定在政府干预这一严重市场扭曲的情况下，同时会影响到产品的价格和成本，从而适用特殊方法纠正此类影响[②]。澳大利亚也是如此，一方面规定，在确定认定国内销售价格时候，需要考察是否存在特殊市场情形如严重的政府干预影响到同类

[①]　Trade Preferences Extension Act of 2015, P.L.114-27, §504（c）.

[②]　Commission Regulation（EEC）No.1972/2002; Commission Regulation（EU）2017/2321.

产品的价格或成本，从而导致同类产品的价格不适合作为确定正常价值的依据。在成本审查方面，进一步审查涉案企业成本记录是否合理反映同类产品生产和制造相关的竞争市场成本，而特殊市场情形的存在必然会导致成本不反映竞争市场成本①。由此可见，三个成员的立法在具体使用上虽有差别，但近年来的立法和实践变化都反映出特殊市场情形条款已不再局限于审查涉案产品的价格，均延伸到涉案产品的成本领域。

四、适用方法之比较

在适用方法上三个成员体现了三个逻辑线条。美国为单线条逻辑，即调查机关如果认定特殊市场情形存在，导致国内销售价格不能作为正常价值，则优先适用结构正常价值的办法确定正常价值。在确定结构正常价值时候，如果特殊市场情形存在导致原材料、生产和其他加工成本不能准确反映正常贸易过程的生产成本，调查机关可以使用本条款下其他计算方法或者其他任何计算方法，即可以使用替代的方法调整成本②。欧盟则在对俄罗斯等国调查上采用了如美国一致的单线条逻辑，但对中国则采用并线逻辑，即当政府干预了市场的价格和成本，调查机关可认定该产业存在严重市场扭曲，从而直接采用替代的方法计算正常价值③。澳大利亚是单线逻辑和并线逻辑的结合，

---

① Anti-Dumping Commission, Dumping and Subsidy Manual（April 2017）.

② Trade Preferences Extension Act of 2015, P.L.114-27, §504（c）.

③ Commission Regulation（EEC）No.1972/2002; Commission Regulation（EU）2017/2321.

在审查出口国国内销售价格时候，既审查产品的销售价格是否受到特殊市场情形的影响，也可以审查这种特殊市场情形是否在采购成本中也存在，如果成本受到特殊市场情形的影响，进而对产品的销售价格造成扭曲，则调查机关直接可以结构正常价值，并对成本进行调整，特别不限制调查机关采用替代的方法调整其成本①。概言之，上述三个成员无论是单线逻辑还是并线逻辑，最终的结果都是采用结构的方法确定正常价值，而在结构中，对主要原材料进行相应的调整，同时不限制使用外部替代的数据进行调整。

五、调查程序之比较

美国在调查中，首先需要申请人的具体指控，如在第一起案件中，就是申请人指控涉案产品的原材料市场存在特殊市场情形，从而主张不接受涉案企业的实际采购成本，对成本进行调整②。其次，根据新修订的法律，应诉企业无论是否申请人对成本进行指控，均应填报成本销售数据。在欧盟调查中，在最早对俄罗斯等成员开展特殊市场情形调查中，主要集中在成本的特殊市场情形调查，也需要申请人的指控，认为俄罗斯等成员的成本受到政府的干预或者是存在大量的国有企业等，调查机关根据调查予以认定。在对中国市场严重扭曲的调查中，一方面发布中国特殊市场情形报告，申请人依据报告进行指控，另一方面，在申请人进行指控的情况下，给中国政府和涉案企业

① Anti-Dumping Commission, Dumping and Subsidy Manual（April 2017）.

② §351.404（f），Chapter III- International Trade Administration Department of Commerce.

发放严重扭曲调查问卷，要求中国政府和涉案企业在一定期间内答复问卷，如果不按时答复，则依据可获得的最佳信息进行裁决。澳大利亚的特殊市场情形调查与欧盟严重扭曲调查类似，但与之不同的是没有发布中国特殊市场情形的报告，申请人需要提供初步证据证明涉案产品的市场存在特殊市场情形，调查机关在调查中向中国政府和涉案企业发放问卷，对问卷的处理方式与欧盟类似①。

　　纵观上述三个成员特殊市场情形规则的比较研究，可以得出这样的结论：一是三个成员不约而同地将政府干预作为特殊市场情形的重要因素；二是特殊市场情形的适用范围由涉案产品扩展至涉案产品的原材料领域；三是无论是单线逻辑还是并线逻辑，最终目的是使用替代数据方法计算正常价值。对于美、欧、澳在实践中又是如何运用这些规则并不断拓展其适用范围，以达到适用替代方法目的的，本书在下一章详细论述。

---

　　①　Anti-Dumping Commission, Dumping and Subsidy Manual（April 2017）.

第三章
美国、欧盟和澳大利亚的特殊市场情形
规则实践

第一节　美国特殊市场情形规则实践

笔者检索了美国联邦纪事和美国商务部的网站和案件数据库①，对美国涉及特殊市场情形调查和裁决进行了整理和汇总。总体而言，美国特殊市场情形实践随着 2015 年新立法颁布和实施发生了显著的变化。

一、早期实践

美国早期实践中认定特殊市场情形的案例很少，主要涉及政府控制价格以及市场需求模式两类情形。

其一，在政府控制价格方面，美国调查机关在早期的案件中掌握的标准严格，要有实质性的证据证明政府控制如此广泛以至于价格不是竞争决定的。如在 2003 年加拿大硬质小麦和硬红春麦案。该案中，申请人指控由于加拿大小麦局控制着加拿大国内市场小麦的买卖，因

---

① Federal Register Website, https://www.federalregister.gov/public-inspection/ current; Enforcement and Compliance site, http://enforcement.trade.gov/frn/，最后访问日期：2020 年 1 月 20 日。

此加拿大国内市场存在政府控制价格。此外，政府对铁路系统的高度管制也导致小麦局有足够的权力控制运输成本，而该运输成本占小麦价格比重大，限制了竞争性价格。同时，数量众多的非关税壁垒保护加拿大小麦市场，且政府对加工产业有担保，给予了产业额外的支持。然而，美国商务部认为，本案特殊市场情形的证据不充分。美调查机关认为，虽然加拿大小麦局是一个政府机构，垄断国内市场，但这种控制并没有广泛到可以认为加拿大小麦价格不是竞争决定的。美商务部指出，即便存在政府控制的证据，也一定要有实质性的证据证明该控制如此广泛以至于价格不是竞争决定[1]。同样，在1997年对韩国部分冷轧和耐腐蚀碳钢板材制品案中，该案申请人指控韩国钢铁市场存在特殊市场情形，因为钢铁价格在事实上被政府控制，根据独立第三方对价格走势的分析，既然价格不可行，而收集出口到第三国价格在时间上也来不及，因此，调查机关应该使用结构正常价值，而且在结构正常价值时候，不应该使用韩国在销售中的实际利润，因为韩国市场利润信息并不能反映其真正的市场价格。美国商务部没有接受该主张，认为没有令人信服的证据证明特殊市场情形的存在，即便其同意存在显著的政府影响，也没有达到限制合适比较的程度。美商务部认为，韩国政府影响市场价格的政策如1981年至1993年间事先批准的政策到调查期已经终止，且核查的证据和独立报告均未显示存在

---

[1] Issues and Decision Memorandum for the Final Countervailing Duty Determinations of the Investigations of Certain Durum Wheat and Hard Red Spring Wheat from Canada.68 FR 52746（September 5, 2003）. C-122-848.

政府控制，却有证据显示价格是通过回扣、信贷调整、均摊运费等形式进行竞争的①。

其二，通过市场需求模式不同认定出口国国内存在特殊市场情形。如产品在两个市场间存在不同的销售模式，从而导致价格无法进行比较。在 1998 年对智利的鲜三文鱼排和 2006 年对厄瓜多尔部分冷冻暖水虾案件中，美国商务部均认定特殊市场情形的存在，原因是出口国国内市场是一个所谓"附带"市场。在智利三文鱼案中，美国商务部认为对于智利国内三文鱼市场是附带性质的，因为该产品是出口导向的。智利国内市场的三文鱼在级别上标注着"工业的"或"丢弃的"，以显著低的价格在当地市场销售，其市场营销和分销环节也体现了附带的特点。在核查中，应诉方主张国内外市场的不同仅仅是因为产品种类的不同，但美国商务部拒绝了该主张。② 同样在厄瓜多尔虾案中，商务部认为厄瓜多尔国内销售也具有附带特点，低质量的产品在国内销售，导致在确定正常价值时候的不适用。在缺少第三国销售的情况下，美国商务部使用了结构正常价值的方法。一家应诉公司主张其国内销售的是与出口同等质量的产品，但商务部认为，将厄国内市场认定为特殊市场情况，质量只是其中一个因素，将会根据证据

①　Certain Cold-Rolled and Corrosion-Resistant Carbon Steel Flat Products From Korea: Final Results of Antidumping Duty Administration Review（Cold-Rolled from Korea）62 FR 18404（April 15, 1997）.

②　Notice of Final Determinations of Sales at Less than Fair Value: Fresh Atlantic Salmon from Chile, 63 FR 31411（June 9, 1998），Comment 4.

记录综合考虑，一个因素不具有决定意义①。

其三，单个影响价格可比性的因素如质量、型号等不属于特殊市场情形考察的范围。如 2016 年对韩国大型变压器案。本案较为特殊的地方在于是应诉公司而非申诉方提出存在特殊市场情形的主张。应诉公司认为大型变压器是一个高度特定化和高资本的货物，根据客户具体需求制作，不允许价格对价格的比较，在其他反倾销案件中，解决这种特定销售的情况，通常依靠结构正常价值而不都是型号对型号的比较。而美国商务部则认为，结构正常价值仅仅是在比较不合理或者不能够发现合适比较的情况下才使用。事实上，影响价格可比性的单个因素可以通过调整实现公平比较②。

二、修法后的最新实践：以韩国石油工业用管材产品输油管反倾销复审为例

2015 年美国修改法律后，美国商务部应申请调查和做出肯定的裁决案件增多。本书对美国商务部开启的特殊市场情形调查的案件进行了梳理。自 2017 年美国对韩国石油工业用管材产品（OCTG）反倾销复审案件以来，美国商务部发起了约 15 起案件的调查，有 11 起作出肯定性裁决（见下表）。在做出肯定性裁决的案件中，美国商务

---

① Issues and Decision Memorandum for the Final Results of New Shipper Review of the Antidumping Duty Order on Certain Frozen Warmwater Shrimp from Ecuador, 71 FR 54977 (September 20, 2006), Comment 1.

② Issues and Decision Memorandum for the Final Results of the Administrative Review of the Antidumping Duty Order on Large Power Transformers from the Republic of Korea:2013-2014, A-580-867（March 8, 2016）.

部裁决逻辑大致相同。为此,本书选取美国特殊市场情形第一案,即美国对韩国石油工业用管材产品(OCTG)反倾销复审案进行详细剖析,通过以点带面的方式进行论述。

2015 年后美国特殊市场情形案件(PMS)一览表

	年度	国别/地区	案件名称	是否认定 PMS
1	2017	韩国	油井管(OCTG)	是
2	2017	台湾地区	钢筋混凝土钢筋	否
3	2018	印度尼西亚	生物柴油	是
4	2018	阿根廷	生物柴油	是
5	2018	泰国	圆形焊接碳钢管	是
6	2018	韩国	焊管(WLP)	是
7	2018	韩国	某些圆锥滚子轴承(TRB)	否
8	2018	韩国	圆形焊接非合金钢管(CWP)	是
9	2019	韩国	厚壁矩形焊接碳钢管(HWR)	是
10	2019	阿曼	圆形焊接碳素钢管(CWP)	否
11	2019	土耳其	大直径焊管(LDWP)	是
12	2019	韩国	大直径焊管(LDWP)	是
13	2020	土耳其	圆焊碳钢标准管	是
14	2020	印度	焊接碳钢标准管	是
15	2020	沙特阿拉伯	圆形焊接碳素钢管	否

信息来源:美国联邦纪事和美国商务部的网站。

（一）案件概况

本案于 2017 年 4 月 17 日公布终裁，是美国通过《贸易优惠延长法》后涉及"特殊市场情形"的第一案，会对美调查机关在后续调查的做法和对"特殊市场情形"的认定产生深远影响。

初裁中，申请人（Maverick）提出，根据 2015 年贸易优惠延长法，如果被调查产品及其同类产品的销售和成本均存在特殊市场情形，则调查机关应当拒绝使用该销售价格和成本数据或者对上述价格或数据进行调整[①]。此外，根据法律规定，政府干预导致价格扭曲的情况应该属于特殊市场情形。对此，申请人提出三个理由。

首先，OCTG 的主要原材料市场存在特殊市场情形。热轧带卷是 OCTG 的主要原材料，占 OCTG 生产成本的 80%—90%。韩国热轧带卷的两家主要供应商 POSCO 和 Hyundai Steel 是此前美国对韩国热轧钢扁平钢材（Hot-rolled Steel Flat Products）反补贴调查中的强制应诉企业，并被美商务部认定受到韩国政府的专向性补贴，且获得了利益，并据此计算出了补贴幅度。申请人认为，由于韩国热轧带卷产品的成本和价格受到补贴的影响而被扭曲，美商务部无法计算出正常贸易过程中 OCTG 的准确的生产成本。此外在过去三年中，来自"非市场经济"的中国的廉价热轧钢扁平钢材产品涌入韩

---

① Letter from Maverick to the Department, "Certain Oil Country Tubular Goods from the Republic of Korea:Information and Comments Requiring Immediate Action," dated November 25, 2015（November 25, 2015 HRCAllegations Letter），pp.2-12.

国市场，中国不公平贸易行为压低了韩国热轧带卷市场价格，导致了额外的价格扭曲。因此，申请人认为，韩国 OCTG 的成本不能准确反映正常贸易过程，主张使用替代价格即国际市场价格计算热轧带卷的成本[①]。

其次，申请人主张 POSCO 和 Hyundai Steel 作为韩国市场最主要两个热轧带卷产品的供应商，与 OCTG 生产商存在战略联盟。申请人认为，如果供应商给予盟内与盟外企业的价格存在显著不同并使盟内企业受益，那么给予盟内企业的价格就不能反映正常贸易过程[②]。

最后，关于电力价格。申请人主张由于韩国政府在电力生产和运输电力过程中存在普遍干预。韩国大型钢铁生产企业能够以低价获得电力，导致热轧带卷和 OCTG 生产成本都会被显著低估，申请人主张使用日本工业用户电力价格调整韩国钢铁企业的电力价格[③]。

在初裁中，美商务部驳回了申请人的部分主张：（1）关于战略联盟问题，申请人没有提供证据证明战略联盟扭曲了价格；（2）关于中国产品低价冲击韩国市场，美商务部注意到出口到美国市场上的 OCTG 所使用的热轧带卷主要为韩国和日本生产而不是中国生产的；（3）关于电力价格问题，美商务部认为，在近期对韩国反补贴调查

[①]　Ibid, pp.2-4.

[②]　Ibid, pp.5-10.

[③]　Letter from Maverick to the Department, "Certain Oil Country Tubular Goods from the Republic of Korea:Particular Market Situation Allegation on Electricity, "dated February 3, 2016（February 3, 2016 ElectricityAllegation Letter）, pp.2-4 and 25-28.

中，并没有发现韩国存在电力项目补贴 ①。

　　然而，调查机关对韩国热轧带卷市场存在特殊市场情形的认定在调查过程中是发生了变化的。首先，美商务部审查了申请方关于特殊市场情形的四个指控，认为四个指控中每一项指控本身并不能充分表明与被调查产品生产直接相关的成本不合理反映正常贸易过程中的成本。但 TPEA 并没有提供明确的规定，调查机关是否应该单独审查指控还是结合在一起审查指控，因此美商务部在初裁中认定对每一项指控单独审查并没有得出充分证据表明韩国存在特殊市场情形。然而，在终裁中，美商务部对申请人提出的四项指控进行了综合分析，评估了上述四项指控对韩国 OCTG 市场造成的累加影响，进而得出了与初裁截然相反的结论。理由包括：(1) 韩国政府对热轧带卷提供补贴，扭曲了韩国 HRC 的市场价格。证据显示韩国热轧钢的生产者收到的补贴占热轧钢成本的 60%，而热轧钢是 OCTG 主要生产投入物，占 OCTG 生产成本接近 80%，强制应诉企业 POSCO 购买了热轧带卷。因此扭曲的热轧带卷市场对 OCTG 成本造成了严重影响。(2) 韩国热轧带卷市场受到中国经济扭曲和干预的影响。由于中国钢铁产品存在严重的产能过剩，并大量涌入韩国钢铁市场，压低了韩国国内钢铁价格。(3) 韩国热轧带卷生产者和 OCTG 生产者之间存在战略联盟，虽然没有具体证据显示这种战

---

　　① Issues and Decision Memorandum for the Preliminary Results of the 2014-2015 Administrative Review of the Antidumping Duty Order on Certain Oil Country Tubular Goods from the Republic of Korea, 81 FR at 71074.

略联盟直接造成了 HRC 的价格扭曲，但调查机关发现这些战略联盟是可能构成扭曲价格的因素。(4) 电力是韩国政府的一个工业政策工具，最大的电力供应商 KEPCO 为政府控制，在政府对价格控制导致市场价格不能够被认为是竞争引发的情况下，可能存在特殊市场情形。综合上述相互交织的市场情况，调查机关有理由相信，OCTG 的生产成本，特别是热轧带卷的采购价格被扭曲。对于 OCTG 生产来说，热轧带卷采购成本不反映正常贸易过程。因此，多种市场力量导致 OCTG 生产成本的扭曲①。

美商务部认为，根据 TPEA 法律，在结构正常价值条款和审查被调查产品及其同类产品成本条款中关于非正常贸易过程的定义包含了特殊市场情形。因此，在确定韩国热轧带卷市场存在特殊市场情形后，美商务部根据此前对韩国热轧钢产品反补贴调查中确定的补贴幅度，对应诉两家公司 NEXTEEL 和 SeAH 报告的成本进行了增项调整，即将此前反补贴调查中确定的可诉性补贴幅度减去出口补贴幅度。美国商务部认为，其他因素如电力和战略联盟以及中国扭曲产品的冲击等由于没有量化信息，无法进行调整②。

在 2018 年第二次行政复审中，美商务部再次维持了此前的裁决，认为 TEPA 第 504 节并没有明确要求调查机关是单独考虑还是综合考

---

① Issues and Decision Memorandum for the Final Results of the 2014-2015 AdministrativeReview of the Anti-dumping Duty Order on Certain Oil Country Tubular Goods from the Republicof Korea（Apr.10, 2017），pp.40-41.

② Ibid, p.41

虑每一项指控，综合考虑上述因素后，认定这些因素叠加对韩国被调查产品及其同类产品的原材料和其他投入物的市场造成影响，该市场属于特殊市场情形[①]。在第二次复审中，申请人主张，关于中国低价产品冲击韩国市场的影响，可以使用欧盟对中国热轧扁钢的补贴率（22.99%）或者美商务部对中国冷轧扁钢的产品的补贴率，或者国际市场价格等方法进行量化调整。同时，由于中国过剩产能影响了日本钢铁产业，扭曲了日本的热轧钢价格，而韩国从日本生产企业采购的热轧钢价格也因此受到扭曲，建议美商务部使用对日本热轧扁钢倾销调查中的倾销幅度或者国际市场价格的差价进行量化调整；关于战略联盟和扭曲电力成本问题，申请人认为调查机关也可以通过合理的方法进行调整，如比较日本、新西兰或意大利的电力价格进行调整[②]。

对于申请人扩大量化调整范围的主张，美商务部的态度较为谨慎，尽管没有否定量化调整的可能性，但认为依据现有证据并没有找到合适的数据，采用其他调查机关的补贴调查结论等方法并不合适。因此维持了第一次复审的结论[③]。

（二）案件评析

由于本案是美国第一起新法修订后的裁决，美国调查机关的裁决

---

① Issues and Decision Memorandum for the Final Results of the2015-2016 Adminis-trative Review of the Antidumping Duty Orderon Certain Oil Country Tubular Goods from the Republic of Korea（April 11, 2018），p.20.

② Ibid, pp.13-16.

③ Ibid, pp.23-30.

逻辑将对以后美国实践产生重要影响。笔者在此不探讨其背后的政治因素①，仅从法律视角来看，有以下几点特点值得关注。

其一，从分析视角来看，美国商务部在分析特殊市场情形时候，是对市场整体的分析，而不是对单个公司交易行为是否是"正常贸易过程"的分析。在本案中，NEXTELL公司主张其公司采购的价格是正常贸易过程。美商务部拒绝对其进行单独分析，其主要理由是：（1）特殊市场情形是市场整体，而不是企业本身。（2）既然整个市场存在特殊市场情形，市场被扭曲，那么企业成本就不能准确反映被调查产品的生产过程。因为企业不是真空存在的，而是需要在市场购买原材料，那么企业就不能免除该特殊市场情况的干扰②。由此可见，美国商务部在调查中从宏观角度认定市场是否存在特殊市场情形。在

---

①　在本案临近终裁时特朗普走马上任，任命彼得·纳瓦罗（Peter Navarro）为美国国家贸易委员会主任。3月2日，纳瓦罗致函商务部长，要求扩大对《2015年贸易优惠延长法》授权的"特殊市场情形"的裁定，从而保护美国国内一家名叫 Teneris S. A. 的企业。在这封函件中，纳瓦罗指责从中国进口且在韩国构成倾销的热轧钢卷，以及韩国本土生产的热轧钢卷扭曲了韩国输油管市场。他指出，尽管美国调查机关由于担心可能被诉至世界贸易组织而不愿意利用某些贸易规则，但"特殊市场情形"无疑是一个有用的工具，它不仅可以阻止类似中国的非市场经济国家转移倾销，而且还可以对付韩国这样的国家打着市场经济的幌子通过补贴的方式低价销售产品。由此可见，本案初裁和终裁逆转的结果是特朗普政府强势干预的结果。从纳瓦罗的信函中可以看出，他毫不掩饰其利用"特殊市场情形"规则对付中国和其他一些市场经济国家的意图，甚至可以不顾世界贸易组织规则和世界贸易组织的约束。参见潘锐、余盛兴《美国对韩国输油管产业"特殊市场情形"的认定及其对中国的影响》，载《韩国研究论丛》2017年第一辑，第203页。

②　Issues and Decision Memorandum for the Final Results of the 2014-2015 Administrative Review of the Antidumping Duty Order on Certain Oil Country Tubular Goods from the Republic of Korea, p.21.

后续涉及特殊市场情形认定的案件中，美国商务部继续沿用了这一认定方法，在对阿根廷和印度尼西亚生物柴油反倾销案中，美国商务部认定阿根廷和印度尼西亚生物柴油销售和原材料采购市场均存在特殊市场情形，并认为："特殊市场情形本身关注的是整个市场的扭曲而不是具体的交易。"① 在对印度的焊接碳钢标准管反倾销案中，美国商务部进一步认为，特殊市场情形也不限于单个市场的认定，调查机关可以对全球市场和其他国家的市场状况进行分析，全球钢铁产能过剩也会扭曲很多国家的市场 ②。

其二，从适用标准来看，美调查机关降低了特殊市场情形的适用标准。如前所述，根据美国加入世贸组织《行政行为声明》（*Statement of Administrative Action, SAA*）规定："如果政府控制（control）价格导致国内市场价格不是市场竞争的结果"③，则可以被认定为存在特殊市场情形。但如何判断政府控制价格，美国调查机关在早期的案件中掌握的标准严格，要有实质性的证据证明政府控制如此广泛以至于价格不是竞争决定的，满足该证明标准是很难的。本案中美商务部在初裁

---

① Issues and Decision Memorandum for the Final Affirmative Determination in the Antidumping Duty Investigation of Biodiesel from Indonesia, Comment 3, p.23; Issues and Decision Memorandum for the Final Affirmative Determination in the Antidumping Duty Investigation of Biodiesel from Argentina, p.22; Issues and Decision Memorandum for the Final Results of Antidumping Duty Administrative Review of Circular Welded Non-Alloy Steel Pipe from the Republic of Korea（2015-2016），p.16.

② Welded Carbon Steel Standard Pipes and Tubes from India: Issues and Decision Memorandum for the Final Results of Antidumping Duty Administrative Review（2017-18），p.23.

③ Statement of Administrative Action, at 822.H.R.Doc.103-316（1994）。

中采取了单独评估的办法，对指控的四个因素单独进行评估。评估结果显示未有证据证明一个因素本身足以导致韩国 OCTG 和热轧带卷市场存在特殊市场情况。这种做法和此前调查机关的审查标准基本一致。然而，在终裁中，美商务部却认为，尽管每个单独因素没有导致特殊市场情况，但从这些因素综合影响导致被调查产品的成本和投入物为特殊市场情形。在此后美国对印度尼西亚生物柴油案中，美国商务部进一步认为政府的干预并不需要直接导致（direct cause）价格的扭曲，只要存在政府干预，如政府对出口产品征收税收的制度，就会阻碍该产品的出口贸易，影响到该产品的供给，从而影响到国内市场价格，如果证据显示该产品国际市场价格与国内市场价格存在差异，该产品的国内市场就存在特殊市场情形①。在对印度的焊接碳钢标准管反倾销案中，美国调查机关认为，政府对原材料主要生产商提供补贴，而接受补贴主要生产商在市场上处于优势地位，主要生产商的价格会影响到其他众多小的生产商，从而导致整个市场价格的扭曲②。

其三，从适用范围来看，新法扩充了特殊市场情形的适用范围。此前的"特殊市场情形"考察被调查产品的国内销售或者特定第三国销售和价格确定情况，本案特殊市场情形则适用于被调查产品的原材

---

① Issues and Decision Memorandum for the Final Results of the 2014-2015 Administrative Review of the Antidumping Duty Order on Certain Oil Country Tubular Goods from the Republic of Korea, p.21; Issues and Decision Memorandum for the Final Affirmative Determination in the Antidumping Duty Investigation of Biodiesel from Indonesia, p.22.

② Welded Carbon Steel Standard Pipes and Tubes from India: Issues and Decision Memorandum for the Final Results of Antidumping Duty Administrative Review, 2017-18, p.28.

料和能源投入采购情况。特殊市场情形的适用范围由被调查产品向上游扩展。虽然美国调查机关认为，如果涉案产品主要原材料市场存在特殊市场情形，这种扭曲的原材料价格并不必然扭曲涉案产品的价格①。由此可以看出，在实践中，美国商务部区分销售特殊市场情形和成本特殊市场情形分析。两者有一定联系，又有一定区别。在个案中，如果调查机关认定涉案产品的销售存在特殊市场情形，则会通过结构正常价值的方法计算倾销幅度。如果调查机关认定成本存在特殊市场情形，根据法律，则会在结构正常价值的时候调高涉案公司的生产成本，从而计算倾销幅度。然而，在实践中，美国调查机关继续扩大特殊市场情形的适用范围。在对泰国圆形焊接碳钢管反倾销案中，应诉公司认为，据美国法律，成本特殊市场情形分析仅存在于结构正常价值，法律没有授权在低于成本测试时适用成本特殊市场情形条款。而美国商务部则认为，应诉公司的观点违背了国会立法的目的，特殊市场情形作为非正常贸易过程的一种形式，在低于成本测试中，调查机关有权分析包括特殊市场情形在内所有非正常贸易过程的情况②。在印度的焊接碳钢标准管反倾销案，美国商务部在低于成本测试时进行特殊市场情形，如果存在特殊市场情形，使用调整后的成本进行低于成本测试，在进行测试后，如果国内市场销售仍满足数量充足性要求，则继续使用国内市场价格作为可比价格与出口价格进行

---

① Ibid, p.50.

② Circular Welded Carbon Steel Pipes and Tubes from Thailand:Decision Memorandum for the Final Results of Antidumping Duty Administrative Review, 2016-2017, p.10.

比较①。

其四，从政策考虑来看，中国因素成为扭曲市场的重要因素。过去特殊市场情形分析被调查产品市场情况，包括销售模式和价格形成机制等，而在该案中调查机关第一次审查了中国因素。本案中应诉公司主张，其既从日本生产商购买热轧钢，也从中国购买热轧钢，彼此价格差异不大，其购买价格反映了市场的价格。但美国商务部的裁决逻辑认为，中国产品产能过剩，从而低价冲击了韩国市场，导致韩国市场价格是扭曲的，日本的原材料供应者定价也是受到中国不公平价格的影响，从而日本供应商在韩国定价也是扭曲的。换言之，按照此类逻辑，中国出口产品只要存在政府补贴和产能过剩，都可能冲击全球市场，从而造成全球市场同类产品的扭曲，如此情况下，任何采购中国原材料的成品都不能反映正常贸易过程的成本。

其五，从考虑因素来看，出口国政府补贴行为成为特殊市场情形考虑因素。本案，美国商务部认定，韩国政府对热轧带卷提供补贴，扭曲了韩国 HRC 的市场价格，而 HRC 是被调查产品的主要原材料，因此扭曲的原材料市场价格被调查产品的成本产生了重要影响。此外，最大的电力供应商 KEPCO 为政府控制，导致电力市场价格存在特殊情形，从而也影响到了被调查产品的成本。此外，美国商务部在后期的案件中，进一步认定如果国内原材料生产商受到补贴，原材料在国内市场销售价格就会受到扭曲，在一个竞争市场中，根据价格均

---

① Welded Carbon Steel Standard Pipes and Tubes from India: Issues and Decision Memorandum for the Final Results of Antidumping Duty Administrative Review, 2017-18, p.28.

衡理论（market equilibrium），进口产品和未受到补贴的生产商销售的产品也会受到补贴价格的影响①。

其六，从实际结果来看，美国商务部在本案中认定原材料和生产成本市场存在特殊市场情形，因此并没有使用应诉企业实际记录的成本结构正常价值，而是对成本进行调整。从调整方法上来看，没有使用替代数据，而是通过使用另一起对韩国热轧钢扁平钢材反补贴中的税率调高本案应诉公司采购成本。然而，在对韩国热轧钢扁平钢材反补贴案中，美商务部是通过不利事实推定方法（AFA）确定该补贴率的。这种不利事实推定的方法也不能反映企业获得的真实补贴情况，即美国商务部把一起案件应诉公司因不配合获得的惩罚性税率应用到另一案件应诉公司上，这种"株连"行为本身就是对法律规则的滥用。从实际效果看，特殊市场情形认定提高了反倾销税率。如泰国圆形焊接碳钢管案中，在2015—2016年度复审中，泰国应诉公司倾销幅度仅为0.69%②，而在2016—2017年度复审中，美国商务部认定应诉公司成本市场存在特殊市场情形，导致应诉公司倾销幅度提高至28%—30.98%③。而在对韩国圆形焊接非合金钢管案中，韩国应诉公

---

① Circular Welded Carbon Steel Pipes and Tubes from Thailand: Decision Memorandum for the Final Results of Antidumping Duty Administrative Review, 2016-2017, p.13.

② Circular Welded Carbon Steel Pipes and Tubes From Thailand: Amended Final Results of Antidumping Duty Administrative Review, 2015-2016.

③ Circular Welded Carbon Steel Pipes and Tubes From Thailand: Final Results of Antidumping Duty Administrative Review, 2016-2017.

司在 2014—2015 年度复审中倾销幅度仅为 1.20%①，而在 2015—2016 年度复审中，由于认定韩国应诉公司主要原材料市场存在特殊市场情形，应诉公司的倾销幅度提高至 7.71%—30.85%②。

从上述案件解读可以看出，在实践层面，美国商务部的做法存在诸多滥用规则甚至是违规之处，主要体现在以下两个问题上缺乏规则依据。

一是以来自其他国家所谓的原材料"低价倾销行为"认定进口国市场存在特殊市场情形缺乏规则依据。在本案中，申请人主张由于韩国承认中国市场经济地位，对中国产品没有采取贸易救济措施，加速了中国倾销对韩国下游市场的影响③。美国商务部在终裁中也认为，此前对中国反倾销和反补贴调查的裁决也许有助于来说明不公平实践的存在。中国产品产能过剩，从而低价冲击了韩国市场，导致韩国市场的价格是扭曲的④。笔者认为，这是一种臆断的逻辑，一方面中国产品是否对韩国实施了倾销或不正当竞争行为并无根据；另一方面，即便存在倾销，也无证据证明这种行为导致韩国市场的价格受到

---

① Circular Welded Non-Alloy Steel Pipes From the Republic of Korea: Final Results of Antidumping Duty Administrative Review, 2014-2015.

② Circular Welded Non-Alloy Steel Pipes From the Republic of Korea: Final Results of Antidumping Duty Administrative Review, 2015-2016.

③ Letter from Marverick to the Department, Certain Oil Tubular Goods from the Republic of Korea: Comments Arguments on Particular Market Situation Allegation, Dated November 4, 2016, P14.

④ Issues and Decision Memorandum for the Final Results of the 2014-2015 Administrative Review of the Antidumping Duty Order on Certain Oil Country Tubular Goods from the Republic of Korea.

扭曲。倾销对倾销主体来说是价格歧视行为，这种价格歧视是出口价格与其出口国国内市场价格的比较，而不是出口价格与进口国国内价格的比较，因此，倾销行为对进口市场的影响并不一定反映在价格方面。笔者多年的反倾销调查实践发现，很多倾销行为在进口国的销售价格甚至比进口国国内市场价格要高，国内产业因倾销行为所导致的实质损害也可能反映在市场份额下降、开工率降低等方面。值得注意的是，在对韩国的圆形焊接非合金钢管反倾销初裁中，美国商务部尽管继续认定来自中国的扭曲的 HRC 价格冲击了韩国的市场，但并无证据表明来自中国的扭曲的 HRC 冲击了日本的市场，而使从日本进口的 HRC 的价格受到扭曲[1]。美国商务部的逻辑存在明显的选择性和任意性。

二是将上游原材料补贴传导利益作为特殊市场情形下正常价值调整的基础缺乏规则依据。在反补贴调查中，调查机关可以将上游补贴利益传导至下游计算补贴幅度。但这样的调查思路可否应用于反倾销调查中，并以此认定被调查产品及其同类产品以及相关投入物的补贴构成特殊市场情形存在争议。本案中，申请人认为其对特殊市场情形的指控不是对上游补贴指控，而是对反倾销的单独指控[2]。申请人甚

---

① Decision Memorandum for the Preliminary Results of Antidumping Duty Administrative Review: Circular Welded Non-Alloy Steel Pipe from the Republic of Korea:2015-2016, p.13.

② Issues and Decision Memorandum for the Final Results of the 2015-2016 Administrative Review of the Antidumping Duty Order on Certain Oil Country Tubular Goods from the Republic of Korea, p.12.

至认为，补贴行为是否是可诉性补贴与特殊市场情形无关，可诉性补贴和不可诉补贴都可以导致特殊市场情形。在韩国，政府对电力生产和价格垄断，在某种程度上，价格就是由政府设定①。申请人提出，正是由于韩国工业政策的存在，才使得一个国内缺少能源的国家其电力价格低于能源较多的国家，这是不合理的。美国商务部在终裁中虽然没有做出详细的分析，但从认定结果来看，接受了申请人政府补贴成为特殊市场情形的重要因素的主张。美国商务部相关认定的问题在于：首先，尽管具有专向性的补贴可能会使补贴受益者在市场上获得不当的竞争优势，但并不意味会对补贴受益产品的市场价格产生影响。根据美国反补贴法律，美商务部在认定可诉性补贴和利益存在时，并不要求证明补贴对被调查产品及其同类产品销售价格造成了影响，当该补贴减少了受益者的生产成本或提高了其收入时，就可以认定存在补贴利益②。本案中，未有证据显示政府补贴导致原材料和投入物的市场价格不反映市场的供求关系。其次，即便上游生产者获得了补贴，也不意味着该补贴利益传导给了下游生产商。世贸组织上诉机构在软木案中认为：在上下游为独立生产商时，调查机关不能假定上游获得的补贴传导给了下游生产商③。根据美国的反补贴法律，只

①　Letter from Marverick to the Department, Certain Oil Tubular Goods from the Republic of Korea: Comments and Arguments on Particular Market Situation Allegation, Dated November 4, 2016, p.18.

②　19 C.F.R. § 351.503（b）.

③　Appellate Body Report, United States —— Final Countervailing Duty Determination with Respect to Certain Softwood Lumber from Canada, WT/DS257/AB/R（19 January 2004），para.140.

有调查机关有明确的证据表明上游补贴给予下游用户提供了竞争利益，从而对下游产品的生产成本产生显著影响时候，才可以认定上游补贴利益传导给了下游客户①。在认定是否存在竞争利益时，法律要求调查机关比较支付给受补贴的上游产品的价格与公平交易情况下支付给其他购买者的价格②。即便在反补贴调查中认定了补贴传导利益，也不能将其作为反倾销调查中认定特殊市场情形并对正常价值调整的基础。美国商务部用上游产品补贴幅度调高下游被调查产品的生产成本的做法更无任何法律根据。

（三）比较分析

美国 2015 年立法前后的实践变化呈现以下特点。

一是适用范围的扩展。早期美国调查机关将特殊市场情形只适用于对涉案产品的销售市场。其后期重点将特殊市场情形适用范围扩展至涉案产品的成本领域。

二是单一分析因素向综合分析因素转变。早期，美国调查机关往往考察单一因素是否导致特殊市场情形，如政府干预或市场需求模式差异。但后期美国调查机关则使用了综合分析法，将干扰市场的因素进行罗列，在单一因素无法达到特殊市场情形标准的前提下，根据综合认定解决单一因素无法实现特殊市场情形的认定的困难。然而，这种分析方法也遭到了质疑，调查机关无法解释在每一个因素单独无法充分导致韩国市场特殊市场情况下，为何综合起来就能够导致市场发

---

① Tariff Act of 1930, as amended, §771（A）（a）;19 U.S.C.§1671-1（a）.

② Tariff Act of 1930, as amended, §771（A）（b）;19 U.S.C.§1671-1（b）（1）.

生变化①。

三是对政府干预市场认定标准逐渐放宽。美国商务部在早期实践中，美国调查机关考察涉案国／地区政府对价格"控制"程度，即便存在政府对市场的控制，如果在涉案国的市场存在竞争行为，调查机关通常也不会认定涉案产品的市场存在特殊市场情形。但后期，美国调查机关对此适用标准明显放宽，由"控制"的标准转向"干预"标准，如果存在政府干预市场的因素，如补贴行为，美国调查机关就会认定这种补贴压低了产品销售价格，干扰了市场竞争。而在现实中，很难找到纯粹的不受任何政府干扰的市场竞争形成的价格。

四是由涉案国市场分析扩展至国际市场分析。在早期的实践中，美国商务部只是针对涉案国市场状况进行分析，而在后期实践，美国商务部扩大分析范围，进而分析国际市场或第三国市场是否存在扭曲，通过所谓产品"输入性"扭曲影响涉案国国内市场。如在多起案件中，美国商务部均认定中国产能过剩、政府补贴导致中国出口产品扭曲了国际市场，进而扭曲了相关涉案国的市场。

五是使用方法和结果不同。早期实践中，如果存在特殊市场情形，调查机关往往使用对第三国销售价格或结构正常价值的方法，通过找到合适的价格获得倾销幅度。而后期实践目的非常明显，就是要通过人为提高涉案产品主要原材料生产成本的方式，提高相关案件的

---

① Matthew R. Nicely , Brian Gatta, *U.S. Trade Preferences Extension Act* (*TPEA*) *of 2015 Could Lead to Increased Use of "Particular Market Situation" in Calculating Normal Value in Anti-Dumping Cases,* Global Trade and Customs Journal (2016), Volume 11, Issue 5.

倾销幅度。在目前的实践中，虽然美国并没有使用替代数据方法计算倾销，但已经从法律和实践的不断拓展来看，不排除美国采用全面成本替代的方法①。

　　总之，美国通过一系列立法和实践为其继续适用替代国方法做好准备。在对韩国的案件中，美国公开宣示其根据"特殊市场情形"规则对付某些"伪装"的市场经济国家的政策。这当然包括在事实上已经不再是"非市场经济国家"的中国。正如一些国内学者担忧的那样，一方面其他贸易伙伴，特别是对已经承认中国为市场经济国家的贸易伙伴可能效仿美国，采取类似的歧视性政策和做法；另一方面，部分国家可能为了自保而采取歧视性的对华贸易规则以应对美国对华的偏见。输油管案隐藏的一个逻辑是：如果某个市场经济国家从中国进口原材料，而该国没有对中国进口产品采取"有效"的措施（例如将中国视为"非市场经济国家"）阻止中国产品的进口，则美国商务部可能据此认定该国的下游产品市场存在"特殊市场情形"，从而征收高额反倾销税。由此可能会导致某些贸易伙伴或者减少自中国采购原材料，或者为了保护本国企业的利益而采取各种公开或者变相的方法阻止中国进口产品，衍生出各种对中国歧视贸易规则②。

---

　　① André J. Washington, *Not So Fast, China: Non-Market Economy Status is Not Necessary for the "Surrogate Country" Method*, Chicago Journal of International Law, Vol.19 No.1 (2018), pp.260-294.

　　② 潘锐、余盛兴：《美国对韩国输油管产业"特殊市场状况"的认定及其对中国的影响》，载《韩国研究论丛》2017年第一辑，第205页。

第二节　欧盟特殊市场情形规则实践

自 1968 年欧盟制定第一部反倾销法律以来，对反倾销法律进行了数十次修订，发起了 1600 多个反倾销案件，涉案产品覆盖面广，主要涉案国和地区涵盖了中国、美国、俄罗斯、印度等主要贸易伙伴 [①]。其中，特殊市场情形实践随着立法的发展而不断发生变化。

一、早期实践做法

自 1968 年欧盟制定第一部反倾销法律至 2002 年，欧盟在实践中真正使用特殊市场情形条款的案件极少，当时欧盟是将其视作一种特殊情况而非常规做法。主要涉及以下情形：

（一）因政府行为认定存在特殊市场情形——1991 年欧盟对巴西、埃及和土耳其棉纱反倾销调查案 [②]。

本案中，欧盟在确定埃及企业正常价值时，发现埃及涉案企业即棉纱纺织厂均为国家直接或间接所有，国内的棉纱和其主要原材料原棉价格均为政府设定。此外，原棉国内销售价格比出口价格显著偏低，直接影响国内棉纱的价格。为此，欧盟认为，埃及国内棉纱和原棉价格受到非市场力的影响，被人为导致国内销售不属正常贸易过程。欧盟根据结构正常价值确定棉纱的正常价值，在结构正常价值

---

①　数据统计来自欧盟调查机关的网站，https://trade.ec.europa.eu/tdi/notices.cfm，最后访问日期 2020 年 3 月 10 日。

②　Commission Regulation（EEC）No.2818/91 of 23 Sep.1991 imposing a provisional anti-dumping duty on imports of cotton yarn originating in Brazil, Egypt and Turkey, O.J.1991 L 271/17.

时，对原材料的成本和利润进行相应的调整，棉纱原材料即原棉的价格根据国际市场价格确定，利润使用该行业通常可实现利润率。

如前所述，虽然1979年以来，欧盟通过修订法律，取消了特殊市场情形的概念，但保留"国内销售不能够允许一个适当的比较"的规定，从而使其涵盖了国内销售中特殊市场情形[①]。笔者认为，本案体现了欧盟对特殊市场情形的理解，并提出了以下几个重要问题，这些问题直接影响到欧盟此后的立法与实践。

一是国内同类产品国内销售受到政府干预能否满足特殊市场情形？在本案中，欧盟认为产品生产企业直接或间接为国家所控制，价格为政府设定，这种情况构成特殊市场情形。但在本案中，欧盟不仅将政府设定价格作为特殊市场情形的考虑因素，而且还将生产企业的所有权性质作为一个考虑因素[②]。二是原材料采购价格如果受到政府的管制，能否在结构正常价值中使用替代数据。当时，欧盟做法实质上并没有立法依据。根据欧盟当时适用的反倾销法律（2423/88）2.E条规定："原则上，所有成本计算应当依据可获得的会计账目上的数据。"[③]欧盟当时反倾销法律既没有对原材料特殊市场情形作出规定，也没有允许替代数据的使用。欧盟的这一立法空白是通过此后的立法填补的。

---

① Commission Regulation（EEC）No.3017/79.

② Commission Regulation（EEC）No.2818/91 of 23 Sep.1991 imposing a provisional anti-dumping duty on imports of cotton yarn originating in Brazil, Egypt and Turkey, O.J.1991 L 271/17.

③ Commission Regulation（EEC）No.2423/88.

（二）因企业垄断行为认定存在特殊市场情形——1991年欧盟对中国双氢链霉素产品反倾销案 ①。

本案中，欧盟认为中国是非市场经济国家，采用日本国内价格作为替代价格计算中国企业的正常价值。在确定替代价格时，欧盟发现日本国内只有一家企业生产和销售双氢链霉素产品。该企业存在垄断行为，在日本国内销售价格畸高，因此欧盟认为日本国内市场存在特殊经济状况，无法使用其国内销售价格确定中国企业的正常价值。欧盟认为该企业成本并不受这种垄断影响，决定通过结构日本企业正常价值的方法确定中国生产企业的正常价值，即使用日本公司生产成本、相关费用和合理利润确定中国企业的正常价值。在确定成本时，欧盟发现日本生产商有一主要原材料来自中国，其采购的价格与其他生产商相比明显偏低。欧盟认为，如果使用该价格，则此前纠正的扭曲会重新被扭曲，因此，对该原材料采购价格进行了调整，使用欧盟生产商采购原材料价格与日本生产商采购原材料的价格的差异进行了调整。

本案的特殊之处在于，调查机关是在确定替代价格中适用特殊市场情形规定的，但基本逻辑是和特殊市场情形条款一致的，即寻找可比较的适当价格。通过本案我们可以看出，在原产国国内，企业国内市场的垄断行为可以成为一种特殊市场情形。从理论上分析，垄断行

---

① Council Regulation（EEC）No.3836/91 of 19 Dec.1991 imposing a definitive anti-dumping duty on importsof dihydrostreptomycin originating in the People's Republic of China and definitively collecting the provisional antidumping duty, O.J.1991 L 362/1, Recital 7 et seq.

为会扭曲自由"市场力"的作用，导致市场信号不能适当反映供求关系的变化，从而使产品价格不能反映其真实的成本和供求关系变化，这符合欧盟特殊市场情形的立法原意。然而，确定替代价格与确定正常价值相比，在垄断条件下特殊市场情形应该是不同的，从反倾销理论分析，反倾销目的是谴责企业价格歧视，其中一类典型情形就是企业在国内获得垄断利润，出口则低价倾销产品抢占市场。如果调查机关因为企业在国内市场存在垄断行为，从而认为存在特殊市场情形，对企业国内销售价格进行调整，则会掩盖倾销行为。正因为如此，在此后的欧盟立法中，对特殊市场情形做出了具体规定，其中一种情况是价格被人为压低（artificially low）[1]。由此可以看出，垄断行为可以作为特殊市场情形的一个因素，但确定替代价格和确定正常价值的标准应该是不同的。本案另一个值得注意的问题是，欧盟发现日本生产商有一主要原材料来自中国，其采购的价格与其他生产商相比明显偏低，从而根据欧盟生产商采购价格和日本生产商采购价格的差价进行调整。这种做法不仅将特殊市场情形延伸至原材料领域，还重新确立了从非市场经济国家采购原材料也属于一类特殊市场情形。这种逻辑在当时并没有引起中国和其他国家的注意，但在三十年后却成为特殊市场情形问题的争论焦点。笔者将在后面进行论述。

二、成本特殊市场情形实践

2002 年 11 月 5 日，欧盟颁布 2002 年 1972 号法案（1972/2002），

---

[1]　Article 2.3, Commission Regulation（EEC）No.1972/2002.

对特殊市场情形条款进行相应修改①。如前所述，通过修改法律，欧盟将特殊市场情形的概念延伸至被调查产品及其同类产品的原材料领域。

（一）对电力成本的调整

在电力成本占被调查产品及其同类产品较高的案件中，欧盟通常会对涉案企业电力构成成本进行审查，决定是否进行调整。审查的标准通常包括涉案国提供电力公司的所有权性质、涉案国是否对电力价格进行管制、涉案企业采购的价格与代表性市场价格相比是否显著偏低。如在2001年对俄罗斯铝箔反倾销案中②，立案时，欧盟没有承认俄罗斯市场经济地位，但在调查过程中，欧盟给予了俄罗斯企业市场经济待遇，也就是用反倾销一般的方法计算涉案企业的倾销幅度。但在对电力成本审查后，欧盟认为俄罗斯国有控股的电力公司给予铝箔生产企业不寻常的低价，不能够说明该价格合理反映电力的生产成本，公司也无法说明完全支付了电力价格。因此，欧盟认为电力成本是不可靠的，使用国际市场上的铝生产企业平均电价。在2006年对俄罗斯和乌克兰等国家的无缝钢管反倾销复审案中③。欧盟比较了有着相同生产方法、产出水平和类似自然优势的加拿大生产商的数据，

① Commission Regulation（EEC）No.1972/2002.

② Council Regulation（EC）No.950/2001 of 14 May 2001 imposing a definitive anti-dumping duty on imports of certain aluminium foil originating in the People's Republic of China and Russia, O.J.2001 L 134/1, Recital 41 et seq.

③ Council Regulation（EC）No.954/2006 of 27 Jun.2006 imposing definitive anti-dumping duty on imports of certain seamless pipes and tubes of iron or steel originating in Croatia, Romania, Russia and Ukraine, O.J.2006 L 175/4, Recital 94 et seq.

发现加拿大电力成本和俄罗斯成本没有区别，因此，欧盟对俄罗斯涉案企业电力成本没有做调整。但对乌克兰涉案企业，欧盟认为乌克兰能源价格被国家管理，明显低于国际市场价格，电力由乌克兰国有公司或者国家管理的电力供应商提供给三家公司，其价格与有代表性的市场价格如罗马尼亚和欧盟价格相比，明显偏低。欧盟认为，乌克兰出口商支付的电力价格不能够合理反映电力的实际生产和销售成本。本案调查，乌克兰三家应诉公司对此提出抗辩意见，认为本报告在他们会计记录中，反映了实际支付价格。欧盟则认为，三家公司没有能够解释他们销售的价格为什么与罗马尼亚的销售价格存在不同，因此拒绝接受乌克兰应诉企业的主张。然而，值得关注的是，2008 年对俄罗斯的硅铁合金反倾销案中①。欧盟初裁认为，俄罗斯国内电力价格是受管制的（Regulated），俄罗斯政府确定最高价格。此外，俄罗斯政府对不同地区实施价差补贴，落后地区的电力价格要低于发达地区。本案应诉企业支付平均电力价格低于其竞争者的 50%。据此，欧盟认为，应诉公司与被调查产品生产相关的能源产品的成本没有合理反映在会计记录中，并根据其他俄罗斯出口商的成本进行相应调整。在终裁中，公司提出抗辩意见，认为俄罗斯政府的指导价不是强制的，而是指导性质，另外，该公司从私营公司购买电力，该私营公

---

① Council Regulation（EC）No.172/2008 of 25 Feb.2008 imposing a definitive anti-dumping duty and collecting definitively the provisional duty imposed on imports of ferrosilicon originating in the People's Republic of China, Egypt, Kazakhstan, the former Yugoslav Republic of Macedonia and Russia, O.J.2008 L 55/6, Recital 34 et seq.

司销售是盈利的，提供者不参与政府的地区补贴。在终裁时，欧盟接受公司主张，不对其成本进行调整。

（二）对天然气成本的调整

在对俄罗斯、乌克兰、阿尔及利亚等国家的反倾销调查中，欧盟多数案件会对天然气价格进行调整。如在2005年对白俄罗斯、俄罗斯和乌克兰氯化钾的复审案①。欧盟认为俄罗斯的主要天然气供应商为 OAO Gazprom，该公司2003年年报数据显示，本案生产商支付天然气价格是该天然气供应商出口价格的五分之一，该公司年报也显示，国内销售交易部分没有利润，其对国内客户销售价格低于成本，而且这两家俄罗斯生产企业的价格显著低于有代表性市场的价格即加拿大生产商在加拿大市场采购的天然气价格。据此，欧盟认为，俄罗斯生产商支付天然气的价格不能合理反映天然气的生产成本，并据此根据俄罗斯的天然气的出口价格进行了调整。在2006年对原产于克罗地亚、罗马尼亚、俄罗斯和乌克兰的无缝钢管案反倾销复审案②。欧盟认为，本案两家俄罗斯生产企业采购天然气价格明显低于俄罗斯天然气平均出口价格。此外，欧盟认为，俄罗斯政府部门（Federal Tariff Service）对天然气价格进行管理，而且两个生产商购买天然气

---

①　Council Regulation（EC）No.1891/2005 of 14 Nov.2005 amending Regulation（EEC）No.3068/92 imposing a definitive anti-dumping duty on imports of potassium chloride originating in Belarus, Russia or Ukraine, O.J.2005 L 302/14, Recital 30 et seq.

②　Council Regulation（EC）No.954/2006 of 27 Jun.2006 imposing definitive anti-dumping duty on imports of certain seamless pipes and tubes of iron or steel originating in Croatia, Romania, Russia and Ukraine, O.J.2006 L 175/4, Recital 94 et seq.

价格也显著低于罗马尼亚和欧盟生产商采购价格，据此，欧盟认为俄罗斯生产商天然气采购价格不能够合理反映天然气的生产和销售成本，进而进行了调整。在本案调查中，俄罗斯生产商提出抗辩意见，认为，其采购的天然气价格正确记录在会计记录中。在同一案件中，欧盟认为乌克兰出口商从他们的国有企业或者国家管理的供应商购买的天然气价格，该价格比罗马尼亚国内销售价格便宜50%，也显著低于欧盟内天然气价格。此外，在调查期，乌克兰国内天然气主要来自俄罗斯，主要供应商是俄罗斯的OAO GAZPROM企业。欧盟认为，俄罗斯供应给乌克兰的天然气属于转运服务，价格受到易货交易协议的影响（barter trade agreement）。据此，欧盟认为乌克兰支付的价格不能反映实际价格。2009年，在尿素和硝酸铵溶液俄罗斯新出口商复审案中①，欧盟认为俄罗斯申请企业支付的天然气价格显著低，占出口价格四分之一和五分之一之间，欧盟根据俄罗斯出口价格进行了调整。本案中，申请企业主张，欧盟不应当对天然气价格进行调整，企业实际记录完全反映被调查产品的生产和销售。申请企业主张，根据欧盟反倾销基本法律，正常价值必须依据出口国的数据，从第三国市场获取数据违反了第一条的规定。欧盟认为，反倾销法律第一条仅仅是表述倾销的一般概念，而第二条则是规定倾销幅度的计算。第2（5）规定允许使用其他第三国有代表性市场的数据，因此拒绝接受公司主张。此外，本案申请企业主张俄罗斯天然气存在自然竞争优

---

① Council Implementing Regulation（EU）No.512/2010, Solutions of Urea and Ammonium Nitrate from Russia（New Exporter Review），p.34.

势，因此天然气国内销售价格和出口价格存在差异。申请企业还主张俄罗斯国内天然气价格是成本覆盖的。欧盟认为，申请企业没有提供证据证明，由于俄罗斯国内天然气价格是管制，其价格合理反映一个正常市场价格。即便天然气价格申请企业支付的价格包含了天然气的生产和销售成本，但该主张与本案无关，因为天然气市场价格并不必然和天然气的生产和销售成本相关。因此，欧盟拒绝接受公司主张。此外，申请企业还主张调查不应该涵盖上游产品，即便特殊市场情形存在2（3），也仅仅被调查产品的，不能延伸到上游产品。欧盟认为2（5）条目的是决定生产和销售同类产品的成本是否合理反映在记录中，该调查的方法与补贴存在不同。对天然气调整是根据2（5）条，该条款明确授权调查机关可以对上游产品进行调查，并可以使用其他有代表性市场的市场。申请企业认为，法律要求审查公司记录是否反映一般会计记录，而不是要审查成本是否符合未管制的市场成本。欧盟认为，根据2（5）条，调查机关需要审查成本记录是否反映一般会计准则以及记录是否合理反映调查产品的生产和销售成本，欧盟在本案是在审查第二个标准。也就是说，欧盟认为，本案关键不是该价格是否被正确记录，而是该价格是否合理反映天然气的生产和销售成本。

（三）原材料成本替代

欧盟在部分案件中会对原材料的市场状况进行审查，如果发现由于政府限制措施导致原材料存在特殊市场情形，导致原材料成本不能合理反映正常的市场价格，欧盟将对该原材料的成本进行替代。比较典型的案件是对阿根廷和印度尼西亚的生物柴油案①。2012年8月29日，欧盟发起对原产于阿根廷和印度尼西亚生物柴油产品反倾销调查，2013年11月26日，欧盟正式发布终裁公告。柴油的主要原材料是大豆。在初裁时候，欧盟发现阿根廷和印度尼西亚柴油市场受到政府管制，在这种情况下，国内销售不属于正常贸易过程，不能用于计算正常价值。欧盟决定结构正常价值，欧盟使用应诉公司自己会计记录的成本和费用以及合理的利润结构正常价值，据此为阿根廷生产商或出口商计算出7.9%至10.6%的倾销幅度，为印度尼西亚计算出0%至9.6%的倾销幅度。然而，欧盟在初裁中没有接受国内产业的主张，使用阿根廷生产企业实际生产记录中的采购大豆的成本②。终裁中欧盟改变了初裁做法。欧盟认为，阿根廷和印度尼西亚实施差别出口税率（DET）制度，压低了阿根廷和印度尼西亚生物柴油原材料国内市场价格，影响了生物柴油的生产成本，考虑到两个国家原材料存在特殊市场情形，有必要对扭曲的成本进行调整。关于阿根廷生产商，欧盟认为，阿根廷政府对出口的大豆、大豆油征收出口税高于对生物柴油产品的出口税，这种差别税制度，导致阿根廷国内大豆和大

① COUNCIL IMPLEMENTING REGULATION（EU）No 1194/2013 of 19 November 2013 imposing a definitive anti-dumping duty and collecting definitively the provisional duty imposed on imports of biodiesel originating in Argentina and Indonesia, Official Journal of the European Union, 26.11.2013, L 315, https://eur-lex.europa.eu/LexUriServ/LexUriServ.do?uri= OJ:L:2013:315:0002:0026:EN:PDF, 最后访问日期：2020年2月21日。

② Council Implementing Regulation（EU）No.490/2013 of 27 May 2013, imposing a provisional anti-dumping duty on imports of biodiesel originating in Argentina and Indonesia, OJ L 141, 28.5.2013, p.6.

豆油价格与国际市场价格相比被压低，扭曲了柴油生产者的成本。欧盟发现，一方面，出口税的税基以国际市场价格为指导价，阿根廷农业与渔业部每天公布大豆和大豆油的 FOB 价格作为指导价；另一方面，阿根廷国内市场价格反映本国市场条件，也随着国际市场价格的变化而变化。因此，欧盟认为国际市场价格和国内价格差异是出口税和出口中发生的相关费用而导致的。换句话说，阿根廷国内大豆和大豆油价格虽然是国内市场的供求关系决定的，但本质上等于国际价格减去出口相关费用和出口税。因此，欧盟得出结论，阿根廷柴油生产企业的主要原材料成本受到 DET 制度影响，低于国际市场价格。据此，欧盟认为阿根廷生产者实际会计记录不能合理反映与被调查产品有关的生产和销售成本。欧盟修改初裁计算方法，在计算大豆原材料成本时，改用阿根廷农业部公布的出口 FOB 价格减去 FOB 运输时发生的相关费用。欧盟认为该价格未受出口税制度影响。终裁计算出的倾销幅度为 41.9% 至 49.2%。关于印度尼西亚，欧盟认为 DET 制度限制了未加工棕榈油的出口，导致国内市场销售存在大量棕榈油，对国内市场价格形成下行压力，因此构成特殊市场情形。为此，如对阿根廷的处理方法类似，欧盟根据印度尼西亚政府公布出口指导价调整了涉案企业的原材料采购成本。终裁计算的倾销幅度为 8.8% 至 23.3%[①]。

---

① COUNCIL IMPLEMENTING REGULATION（EU）No 1194/2013 of 19 November 2013 imposing a definitive anti-dumping duty and collecting definitively the provisional duty imposed on imports of biodiesel originating in Argentina and Indonesia, 2013 O.J（L315），p.30.

三、特殊市场情形变形——"严重市场扭曲"立法

欧盟于 2018 年 1 月 1 日起实施的新的反倾销条例新增了关于"市场严重扭曲"条款，规定了在存在严重市场扭曲导致不适合使用国内价格和成本的情况下，可使用替代数据结构正常价值。2018 年 1 月 1 日起，欧盟新法修正案正式颁布实施，所有原审和复审反倾销案件都同步开展市场扭曲调查，并适用新的计算方法。截至 2019 年底，欧盟共对中国发起反倾销原审调查 5 起[①]。其中第 1 起原审调查钢板桩案因申诉方撤诉，欧委会于 2019 年 7 月 5 日终止了调查[②]。第 2 起原审调查钢制轮毂案于 2020 年 3 月 3 日作出终裁[③]。第 3 起原审调查玻璃纤维织物案于 4 月 1 日作出终裁[④]。在第 2 起和第 3 起原审案中，欧盟调查机关均认定中国市场存在严重扭曲，并将所有成本、费用及利润使用第三国数据或国际价格进行替代计算结构正常价值。其他案件仍在调查中。由于欧盟对中国钢制轮毂案是欧盟采用市场严重扭曲新方法以来采取的第一起反倾销措施，标志着欧盟对中国贸易救济政

---

① 根据欧盟调查机关官方网站公告统计，https://trade.ec.europa.eu/tdi/notices.cfm，最后访问日期：2020 年 4 月 1 日。

② COMMISSION IMPLEMENTING DECISION（EU）2019/1146 of 4 July 2019 terminating the anti-dumping proceeding concerning imports of hot-rolled steel sheet pilesoriginating in the People's Republic of China, L 181/89.

③ COMMISSION IMPLEMENTING REGULATION（EU）2020/353 of 3 March 2020 imposing a definitive anti-dumping duty and definitively collecting the provisional duty imposed on imports of steel road wheels originating in the People's Republic of China, L 65/9.

④ COMMISSION IMPLEMENTING REGULATION（EU）2020/492 of 1 April 2020 imposing definitive anti-dumping duties on imports of certain woven and/or stitched glass fibre-fabrics originating in the People's Republic of China and Egypt, L 108/1.

策和执法进入新阶段，因此本书选取本案为视角进行分析。

（一）案件情况

2019 年 2 月 15 日，欧委会对华钢制轮毂产品发起反倾销调查[①]。由于申请方在立案申诉书中引用欧委会关于中国市场存在严重扭曲的报告及世界钢铁协会、中国欧盟商会等机构的报告，提出中国存在市场严重扭曲的指控，欧委会认为证据充足，因此决定适用新法第 2.6（a）条进行市场扭曲调查。

根据新法第 2.6（a）条，欧委会增加了以下调查内容：（1）对应诉企业：在立案公告中要求所有出口生产商提供关于用于钢制轮毂的投入物的资料，包括投入物（生产被调查产品所需要的所有原材料和加工材料、能源）和产出物（副产品和废料）的名称及对应的海关编码。（2）对中国政府：设计并发放了关于市场扭曲的政府问卷。其主要内容包括针对此前欧委会发布的关于中国的严重市场扭曲报告提交评论意见、相关信息和证据，对申请方提到的、严重市场扭曲报告以外的关于中国市场扭曲的指控提交评论意见、相关信息和证据。（3）收集选择适合的代表过及相应数据来源的信息[②]。

2019 年 10 月 10 日，欧委会发布该案初裁公告，认定中国存在严重市场扭曲，并使用替代数据计算出唯一抽样企业 50.3% 的倾销

---

① Notice amending the notice of initiation of an anti-dumping proceeding concerning imports of steel roadwheels originating in the People's Republic of China（2019/C 111/13）.

② Notice amending the notice of initiation of an anti-dumping proceeding concerning imports of steel road wheels originating in the People's Republic of China（2019/C 111/13）.

幅度①。2020年3月3日发布终裁报告，维持初裁决定②。欧委会强调调查结论是依据案卷中的所有证据得出的，但事实上，欧委会的主要依据仍是其自己编写的中国市场扭曲报告。在裁决中，欧委会先对中国的政治、经济体制进行了综合描述，认为中国市场存在广泛的政府干预，这与市场力量的自由发挥相悖，从而扭曲了符合市场原则的资源有效配置。欧委会继而按照新法关于市场严重扭曲的6条标准逐一进行分析，得出中国市场均符合上述6条标准的结论。从欧委会的论证过程看，尽管其对每一条标准论述的重点不尽相同，但使用的基本观点和证据有所交叉重复，其逻辑主线是这样的：首先罗列证据证明中国经济体制存在广泛政府干预等，然后将国有企业甚至私营机构都认为是执行政府干预政策的主体，进而认定由于这些主体在市场中的主导地位，导致市场价格不是由市场力决定的，即存在严重市场扭曲③。在使用替代数据计算正常价值方面，欧委会基本模仿了美国对中国反倾销调查的方法，寻找与中国经济水平相似的"替代国"，

---

① COMMISSION IMPLEMENTING REGULATION（EU）2019/2118 of 10 December 2019 amending Implementing Regulation（EU）2019/1693 imposing a provisional anti-dumping duty on imports of steel road wheels originating in the People's Republic of China, Official Journal of the European Union, 11.12.2019, L 320.

② COMMISSION IMPLEMENTING REGULATION（EU）2020/353 of 3 March 2020 imposing a definitive anti-dumping duty and definitively collecting the provisional duty imposed on imports of steel road wheels originating in the People's Republic of China, L 65/9.

③ COMMISSION IMPLEMENTING REGULATION（EU）2019/2118 of 10 December 2019 amending Implementing Regulation（EU）2019/1693 imposing a provisional anti-dumping duty on imports of steel road wheels originating in the People's Republic of China, Official Journal of the European Union, 11.12.2019, L 320, para.s.51-113.

本案中，欧委会选择的巴西，将其进口数据作为被调查产品的原材料成本，并使用巴西国内水、电、气价格作为能源价格，选择巴西某企业公开数据（上市公司年报）确定三项费率和利润率，在此基础上构造出中国出口企业的正常价值[①]。

（二）案件分析

首先，从举证责任看，"市场严重扭曲"是欧盟创造的新概念，可视为特殊市场情形的一种，但即便根据欧盟现有法律，也需要充足的证据才能认定出口国是否存在市场严重扭曲。这个举证责任本来应有申诉方承担，由于欧委会针对中国的报告，导致申诉方只需在申请书中引用欧委会报告内容即可让欧委会启动相关调查，而在后续调查中，应诉方则要承担根本无法完成的举证责任来证明自己不存在市场扭曲。特别是发给中国政府的问卷，根据世贸组织《反倾销协定》，出口国政府在反倾销调查中并没有填答问卷的义务，而欧委会却因为中国政府没有填答问卷而适用其反倾销条例第 18 条（最佳可获得事实条款）[②]，完全颠倒了举证责任。

其次，从调查的正当程序看，欧委会针对中国的市场严重扭曲报告出现在调查的各个环节，它既是启动调查的条件，也是调查论证过程中的证据，而调查结果又可能成为下一个案件中的证据，甚至被写入新的报告，由此形成了一个"自循环"，导致应诉方在事实上根本没有抗辩成功的可能。

[①]　Ibid, para.s.136-178.

[②]　Ibid, para.26.

最后，从调查结果看，欧委会在 2018 年以来所有对华反倾销调查中均裁定中国存在严重市场扭曲，且其裁决内容也越来越完善，越来越固定化，并均使用替代国的方法计算出的较高的倾销幅度，钢制轮毂案抽样企业倾销幅度 50.3%[①]，而玻璃纤维织物案抽样企业倾销幅度最高到 99%[②]。

（三）比较分析

纵观欧盟特殊市场情形的实践历史，可以看出以下特点：

其一，适用范围上不断拓展。欧盟特殊市场情形从考察被调查产品国内销售情况，到考察被调查产品原材料采购市场状况，进而延伸至考察整个行业或涉案国市场状况。

其二，"政府干预"逐步成为判断特殊市场情形的重要因素。然而如何判断政府干预，其适用的标准逐步放宽。欧盟早期标准需要政府直接决定价格，而后期实践考察的因素逐渐增多，如国有企业，政府定价等。最终逐步发展为审查一个国家的政治和经济体制，从而认定特定行业存在特殊市场的市场扭曲。

其三，根据不同情形采用不同的方法提高倾销幅度。在早期的实践中，重点考察涉案产品的销售市场，如果涉案产品国内销售市场存

---

① COMMISSION IMPLEMENTING REGULATION（EU）2020/353 of 3 March 2020 imposing a definitive anti-dumping duty and definitively collecting the provisional duty imposed on imports of steel road wheels originating in the People's Republic of China, L 65/9.

② COMMISSION IMPLEMENTING REGULATION (EU) 2020/492 of 1 April 2020 imposing definitive anti-dumping duties on imports of certain woven and/or stitched glass fibre fabrics originating in the People's Republic of China and Egypt, L 108/1.

在特殊市场情形时，调查机关首要目的不是为了提高倾销幅度，而是找到合适的可比价格，因此往往采用对第三国销售价格或结构正常价值的方法确定正常价值。随着实践的发展，为了抵消个别进口成员成本竞争的优势，通过成本特殊市场情形的认定，并进而采用替代单个成本的方法提高倾销幅度。在严重市场扭曲立法后，则对涉案产品所在的整个行业进行整体认定，并最终回归"替代国"方法计算倾销幅度。

对于欧盟实践有几点需要关注：一是"严重市场扭曲"在世贸组织规则中并不存在，是一个新的概念。二是欧盟在实践中对"严重市场扭曲"的分析仅仅指向政府的宏观政策，缺乏微观市场的分析，事实上并无直接证据表明，政府的干预导致了企业主体涉案产品不存在竞争的国内市场。三是在认定"严重市场扭曲"后，调查机关根据其法律"应该"（shall）拒绝使用企业主体的自身成本数据，采用外部信息包括"替代国方法"计算正常价值，对该成本数据是否反映了通行会计准则，其分摊方法是否合理反映涉案产品的生产和销售等均不做任何分析，这也明显违反了世贸组织反倾销协定 2.2.1.1 条。

第三节 澳大利亚特殊市场情形规则实践

澳大利亚政府在实践中一直很少适用特殊市场情形做出裁决，但这种状况由于中国因素发生了改变。本书梳理了自 2005 年澳大利亚承认中国市场经济地位以来对中国的反倾销案件（见下表）。2005 年 4 月，澳大利亚承认中国市场经济地位，在反倾销调查中不再使用中国议定书 15 条中"替代国"做法而是根据世贸组织反倾销一般规则计算倾销幅度①。然而，澳大利亚对中国的调查方法在 2012 年发生了转折。如前所述，2009 年澳大利亚在其《反倾销反补贴手册》中澄清了特殊市场情形的实体和程序，此后澳大利亚国内产业申请人均在调查中提出中国存在特殊市场情形的指控，但澳大利亚调查机关均未作出中国特殊市场情形的认定。因此 2005 年至 2012 年澳大利亚政府对中国发起的 15 起反倾销调查中均使用了世贸组织一般性做法。直至 2012 年，澳大利亚在铝轮毂案中第一次认定存在特殊市场情形。从此之后，截至 2019 年底，澳大利亚先后在对中国发起的 10 起案件中认定自中国进口的涉案产品的市场存在特殊市场情形。本书以澳大利亚认定中国特殊市场情形第一案即铝轮毂案为切入点，通过案件分析的方法揭示具有普遍性和共性的规律。

澳大利亚对中国反倾销调查表（截至 2019 年底）

序号	裁决年份	案件名称（英文）	案件名称（中文）	裁决报告编号	PMS裁决
1	2019	Steel pallet racking	钢托盘货架	REP 441	存在
2	2019	Alloy round steel bar	合金圆钢条	REP 384A	存在

---

① Memorandum of Understanding between the Department of Foreign Affairs and the Trade of Australia and the Ministry of Commerce of the People's Republic of China on the Recognition of China's Full Market Economy Status and the Commencement of Negotiation of a Free Trade Agreement between Australia and the People's Republic of China (2005)，https://dfat.gov.au/trade/agreements/chafta/Documents/mou_aust-china_fta.pdf，最后访问日期：2019 年 12 月 20 日。

128

续表

序号	裁决年份	案件名称（英文）	案件名称（中文）	裁决报告编号	PMS裁决
3	2017	Steel shelving units	钢制货架	TER 355	无
4	2017	A4 copy paper	A4 复印纸	REP 341	无
5	2016	Grinding balls	研磨球	REP 316	存在
6	2016	Rod in coil	盘条	REP 301	存在
7	2016	PV modules or panels	光伏产品	TER 239A	无
8	2015	Steel reinforcing bar	钢筋	REP 300	存在
9	2015	PVC flat electric cables	聚氯乙烯扁电缆	TER 271	无
10	2015	Deep drawn stainless steel sinks	不锈钢拉制水槽	REP 238	无
11	2015	Silicon metal	金属硅	REP 237	存在
12	2014	A4 copy paper	A4 复印纸	TER 225	无
13	2014	Power Transformers	电力变压器	REP 219	无
14	2014	Wind towers	风塔	REP 221	无
15	2013	Hot rolled plate steel	热轧钢板	REP 198	存在
16	2013	Zinc coated（galvanised）steel and aluminium zinc coated steel	镀锌钢板	REP 190	存在
17	2013	Glyphosate formulated	草甘膦制剂	TER 183A	无
18	2012	Glyphosate formulated	草甘膦制剂	TER 183	无
19	2012	Hollow structural sections	焊管	REP 177	存在
20	2012	Aluminium road wheels	铝轮毂	REP 181	存在
21	2012	Electric cables	电缆	TER 178	无
22	2011	Clear float glass	无色浮法玻璃	REP 159C	无
23	2010	Clear float glass	无色浮法玻璃	TER 159B	无
24	2010	Plywood	胶合板	REP 156	无
25	2010	Aluminium extrusions	铝挤压材	REP 148	无
26	2010	Hollow structural sections	焊管	REP144A	无

续表

序号	裁决年份	案件名称（英文）	案件名称（中文）	裁决报告编号	PMS裁决
27	2008	Tubeless steel demountable rims	无内胎钢圈	REP 142	无
28	2008	Toilet paper	卫生纸	REP 138	无
29	2007	Sodium tripolyphosphate	三聚磷酸钠	REP121	无
30	2006	Clear laminated safety glass	安全玻璃	REP114	无
31	2006	Hollow structural sections	焊管	REP 116	无
32	2006	Pineapple fruit	菠萝	REP112	无
33	2005	Sodium hydrogen carbonate (sodium bicarbonate)	碳酸氢钠	REP 98	无
34	2005	Mushrooms, preserved	蘑菇罐头	REP 99	无
35	2005	Hollow structural sections	焊管	REP 93	无

数据来源：澳大利亚调查机关网站，https://www.industry.gov.au/sites/default/files/adc/public-record。

一、案件背景

在申请书中，澳大利亚申请人 Arrowcrest 公司指控中国铝轮毂产业以及原材料投入市场存在特殊市场情形，主要理由如下：其一，政府低于可补偿价格提供铝轮毂的原材料即原铝或铝合金（型号为356和356.2）；其二，国有企业在铝生产中占主导地位，并在生产中获得利益，从而人为压低了铝轮毂原材料的价格；其三，铝、铝合金以及铝轮毂生产中低价获得了电；其四，铝轮毂生产从政府获得了利益，如税收减免、财政拨款和较低的贷款利息，从而影响了铝轮毂在中国市场的销售价格①。

上述指控主要依赖于欧盟在 2010 年对原产于中国的铝轮毂的反倾销调查裁决。在欧盟对华铝轮毂反倾销案中，部分中国出口商申请市场经济待遇（market economy treatment, MET），被欧盟调查机关拒绝。欧盟调查机关认为申请企业没有满足 MET 的法律标准，因为其生产成本没有反映市场价值，中国出口商未提交足够证据证明其生产原材料的成本没有受到政府的干预②。

二、案件裁决

本案中，澳大利亚调查机关最终认定中国政府干预了铝产业，主要理由是：

第一，中国政府存在广泛的宏观经济政策和计划。在这些政策和计划中明确列举了中国铝产业发展目标，如中国全国人民代表大会（最高立法机关）制定的五年规划，国家发改委制定了《关于加快铝产业结构调整指导意见的通知》（〔2006〕589 号）等。这些规划和政策确立了铝产业发展目标，例如去产能、控制生产规模、鼓励兼并重组、促进产品质量和技术进步、鼓励实施环保措施等③。

第二，中国政府通过行政手段实现政策目标。澳大利亚调查机关

---

① REPORT TO THE MINISTER NO.181, ALUMINIUM ROAD WHEELS EXPORTED FROM THE PEOPLE'S REPUBLIC OF CHINA, p.110, https://www.industry.gov.au/sites/default/files/adc/public-record/181-reporttominister.pdf, 最后访问日期：2020 年 4 月 1 日。

② Ibid, Appendix A, p.111.

③ Ibid, Appendix A, pp.118-126.

认为，虽然"五年规划"是指导性文件，但中国政府具体执行和负责部门会采取积极措施完成这些目标或者监督这些目标的完成。如为完成淘汰落后产能的目标，中国政府实施了一系列措施，如 2007 年国家发改委制定了《铝产业准入条件》（2007 年第 64 号公告）；2009 年国务院制定了《有色金属产业调整和振兴规划》；2010 年国家发改委制定的《工业结构调整指导目录》；等等。上述文件综合实施了投资审核、备案管理、财政、税收、信贷、土地、环保、进出口等措施，影响了铝产业的生产和供应①。

第三，在 2006 年至 2011 年期间，中国实施了不同的铝土、铝合金、ARW 进出口关税和增值税退税制度。如 ARW 进口关税是 10%，而原材料如铝土和铝合金进口为零。同期，铝土和铝合金没有出口增值税退税，而 ARW 出口退税则为 17%。说明中国政府鼓励原材料进口，限制其出口，同时鼓励铝下游加工产品的出口。澳大利亚调查机关认为这种措施导致了中国原铝供应增长，增加了中国国内原铝价格下行的压力，是中国政府干预原铝和铝加工产品市场直接的证据②。

第四，中国政府对铝轮毂生产商的补贴。在反补贴调查中，调查机关初步发现，铝轮毂生产商获得 34 项可诉性补贴。而获益最大的则是国家投资公司低价提供原材料项目。其他的则是一些研发赠款、税收减免等项目。据此，调查机关有理由相信，至少一些补贴

---

① Ibid, Appendix A, pp.126-148.

② Ibid, Appendix A, pp.148-152.

项目有助于中国政府实施宏观经济政策，如鼓励高科技企业和产品的研发等。此外，在此前的铝挤压材反补贴调查中，中国政府曾答复国家物资储备局在国内市场上购买和储存大量的原铝。在该调查中，调查机关发现，这种行为改变了原铝市场，影响了国内铝的价格。虽然两案的调查期不同，但证据表明，中国政府有目的地影响铝的价格①。

第五，中国国有企业在运行中需要遵守国家的规划和政策②。

综上，澳大利亚调查机关认为，现有证据表明，中国政府通过一系列政策、规划和措施在铝产业发展中发挥了重要作用，通常表现为四类，即推动结构调整措施，技术进步和环境发展措施，各类税收、减免和许可措施以及各类补贴鼓励措施等③。

那么，中国政府对铝产业的影响是否构成了铝轮毂特殊市场情形呢？澳大利亚政府集中对这些政策、计划和措施对铝轮毂投入物的影响进行了分析。

其一，影响了铝的价格。澳大利亚调查机关认为伦敦金属交易所的价格是开放和透明的，没有受到任何限制，可以作为基准价格，而中国上海期货交易所是一个封闭交易场所，仅限于中国境内。澳大利亚调查机关比较了两者铝的价格，发现上海交易所铝的价格低于伦敦金属交易所的价格，从而认定，上述中国政府的政策、计划和措施压

---

① Ibid, Appendix A, pp.153-154.

② Ibid, Appendix A, pp.154-158.

③ Ibid, Appendix A, p.158.

低了铝和铝合金的国内价格，导致原材料价格低于如果没有政府干预的价格①。

其二，澳大利亚调查机关调查发现，铝的价格是铝轮毂销售价格的决定因素，因此，有理由得出中国国内 ARW 的价格低于如果没有政府干预的价格②。

其三，澳大利亚调查机关还进行经济学分析，澳大利亚调查机关发现中国的铝轮毂出口商获得多种可诉性补贴，证据显示上游的铝等原材料也可能潜在获得这些补贴，因此，这些补贴会影响到铝轮毂及其原材料的成本，从而降低了铝轮毂和原材料的边际成本，影响了他们的市场供应和价格③。

基于上述理由，澳大利亚调查机关认为由于受到中国政府的干预，铝轮毂国内市场价格受到主要投入物价格低的直接影响，以及在涉案产品及其上游产品所在产业的供应改变的整体性影响。因此其价格与没有政府干预的情况下显著不同，虽然这种广泛的政府干预无法量化，但总体而言构成了特殊市场情形，其国内市场价格不适合用以确定正常价值。在进行结构正常价值时候，调查机关进一步认定其主要投入物如铝和铝合金受到政府干预，价格显著偏低，无法反映竞争市场成本，因此调查机关使用伦敦金属交易所铝的价格为基准成本确定上述两个主要投入物的成本，并据此调高了出口商的成本，而利润

---

① Ibid, Appendix A, p.163.

② Ibid, Appendix A, p.167.

③ Ibid, Appendix A, pp.169-171.

根据出口商在中国国内销售的实际利润率确定，在此基础上结构了中国合作出口商的正常价值[①]。

三、案例评析

自澳大利亚于 2009 年通过修订《反倾销和反补贴手册》明确特殊市场情形法律适用后，在铝轮毂案中认定涉案产品存在特殊市场情形后，在此后的焊管、镀锌钢板、热轧钢板的原审案中均作了类似的认定，理由也较为类似，体现了以下几个特点：

其一，从案件类型上，上述案件集中在钢铁和铝及其相关产品，且均为双反调查。

其二，在调查方法上，均向企业和政府发放特殊市场情形问卷，中国政府均未做答复，调查机关通过所谓的"可获得的最佳信息"作出裁决。

其三，在调查内容方面，以存在严重的政府干预作为理由认定涉案产品及其原材料采购存在特殊市场情形，从而不采用涉案企业实际的销售和采购价格。对于什么是严重的政府干预，调查机关主要事实和理由主要集中在四个方面：一是中国政府的产业政策和规划。如国家五年规划、产业调整指导目录、鼓励技术进步和限制产能过剩等政策。调查机关认为，这些产业政策和指导目录不是指引性质的，而是有着具体的目标和举措，影响到涉案产品及其主要原材料的生产和供应。二是中国政府相关的进出口管制措施。这些措施包括增值税退

---

① Ibid, Appendix A, p.158.

税、出口关税、进口关税以及进出口配额和许可等。中国政府根据国家产业发展导向制定和调整相关进出口管制措施，对中国国内市场供求造成影响。如在铝轮毂案中调查机关认定中国政府鼓励原材料进口，铝土的进口关税为零，没有出口退税，下游产品铝轮毂出口关税则达到了17%，此类进出口管制措施影响到中国国内市场的供求关系，压低了原材料的价格。三是可诉性补贴。调查机关在反补贴调查中认定中国政府为涉案产业及其上游原材料产业提供大量可诉性补贴，如国有企业低价提供原材料和其他投入，税收减免等。调查机关认为这些可诉性补贴会减低涉案产品的生产成本，也会影响涉案产品在国内市场的定价。四是国有企业。调查机关认为涉案产品及其原材料产业中存在大量的国有企业，这些国有企业要遵守国家的政策和计划。中国政府通过国有企业对涉案产业施加重要影响，导致了实质性扭曲竞争条件。

其四，在适用方法上，调查机关认定政府干预影响到主要投入物的生产和供应，从而涉案企业的成本不能合理反映"竞争市场"的成本，同时，调查机关认为这种干预和影响是无法量化的。调查机关通常选取一个基准价格并与国内市场价格进行比较，并进行相应的调整。这个基准价格包括私营企业的价格、进口价格和外部基准价格。在对中国调查中，调查机关认为由于政府干预的广泛性，不存在可以比较的国内市场价格，从而调查机关转而采用国际市场价格或者其他成员涉案企业的价格替代中国涉案企业主要投入物的成本。比如在铝轮毂案中，采用了伦敦金属交易所的铝锭的价格替代中国涉案企业从国内市场上采购铝锭的成本。在镀锌钢板反倾销调查中使用同案其他国家（地区）涉案企业主要投入的平均价格进行一定调整后替代中国生产商的主要投入物的成本等①。

针对澳大利亚上述实践特点，部分学者也指出了其存在的主要问题：一是为什么出口国政府对原材料的干预会传导并扭曲涉案产品的价格。原材料低于国际市场价格并不必然导致涉案产品低于国际市场价格，澳大利亚调查机关没有做出详细的解释和分析②。二是澳大利亚调查机关适用的外部基准的方法违反了上诉机构的裁决，没有调整到反映中国市场的成本价格③。

第四节　美国、欧盟和澳大利亚的特殊市场情形实践

一、相同的特点

从美、欧、澳大利亚前后实践的比较分析，存在以下特点：

一是特殊市场情形条款逐渐在实践中被激活。上述三个国别/

---

① Dumping of Zinc Coated（Galvanised）Steel and Aluminum Zinc Coated Steel Exported from the People's Republic of China, Report to the Minister No.190, pp.60–63（2013），http://www.adcommission.gov.au/cases/Documents/142-REP190.pdf, 最后访问日期：2019 年 12 月 20 日。

② Weihuan Zhou, Australia's Anti-Dumping and Countervailing Law and Practice: An Analysisof Current Issues Incompatible with Free Trade with China 49（6）J. WORLD TRADE, 980, 988（2015）.

③ Weihuan Zhou and Andrew Percival, Panel Report on EU-Biodiesel: A Glass Half Full?Implication for the Rising Issue of "Particular Market Situation" 2（2）CHINESE J. GLO-BALGOVERNANCE 142, 161（2016）.

地区在早期很少使用特殊市场规则，而后期，针对实践和政策需要，通过修改相应法律或操作指南，有目的引导国内／地区内申请人提出指控，从而达到激活该规则的目的，并在实践中不断丰富适用的内涵。

二是从涉案产品范围来看，实践中，上述成员使用特殊市场条款的案件集中在钢铁、铝、化工等传统产业。自 2017 年美国对韩国输油管（OCTG）反倾销案第一次根据新法适用特殊市场情形以来，美国已对 15 起案件发起调查，有 13 起涉及钢铁产品。澳大利亚自 2012 年对中国适用特殊市场情形的 10 起案件全部为钢铁或铝产品。而欧盟在对中国开启市场扭曲的前两起原审案件也均为钢铁产品。

三是特殊市场情形条款逐渐成为消除进口国竞争优势的手段。美国的特殊市场情形实践主要针对韩国的钢铁企业，而根据世界钢动态（WSD）发布的最世界级钢铁企业竞争力排名，韩国浦项（POSCO）自 2010 年以来连续 10 年登顶全球最具竞争力钢铁企业①。欧盟特殊市场情形案件则主要针能源成本低的进口国如俄罗斯，而严重市场扭曲案件全部针对中国。澳大利亚适用的特殊市场情形则主要针对中国。

四是从调查的范围来看，集中在涉案产品的成本领域。美国在认定存在特殊市场情形 15 起案件，有 13 起认定涉案产品主要原材料市

---

① 《最新世界级钢企竞争力排名》，载全球铁合金网，http://www.qqthj.com/leaf/leaf_id1567580.html，最后访问日期：2019 年 11 月 24 日。

场存在特殊市场情形。澳大利亚对中国特殊市场情形认定也主要从涉案产品主要原材料为切入点，认定在原材料采购市场存在扭曲。欧盟对中国以外的其他国家适用特殊市场情形时，大多也认定涉案产品主要原材料市场存在特殊市场情形。

五是通过特殊市场情形条款的使用，均大幅提高了倾销幅度。如前所述，在美国对泰国圆形焊接碳钢管案中，由于适用特殊市场情形条款，应诉公司倾销幅度提高了 30 倍。这种情况在欧盟和澳大利亚实践当中同样存在。

六是政府干预成为特殊市场情形认定的主要因素。对于何为政府干预，三个成员分析的角度不同，有些因素是共性的，如存在国有企业、政府对市场价格的干预、政府补贴行为以及政府产业规划和相应的管理措施。而对政府干预的分析中，三个成员不约而同地指向了中国。欧盟的严重市场扭曲和澳大利亚的特殊市场情形实践，主要是针对中国的经济管理体制。美国在实践中虽然没有直接针对中国，但将中国的经济管理体制导致钢铁产能过剩，冲击国际市场作为其认定其他成员相关市场存在特殊市场情形的主要因素。

二、不同的适用路径

美、欧盟和澳大利亚实践做法有着不同的路径（见下图）：

美国"特殊市场情形"实践中有两种方法。第一种方法是认定出口国国内市场涉案产品销售"特殊市场情形"，进而结构正常价值。在结构正常价值时，再认定出口国主要原材料销售市场存在特殊情形，从而使用替代方法如国际市场价格提高主要原材料的成本。第二

特殊市场情形不同适用路径图

政府控制涉案产品价格	不做判断（产品市场）	产品或成本存在广泛政府干预	产品或成本市场存在严重市场扭曲
↓	↓	↓	↓
结构正常价值（CV）（成本+费用+利润）	低于成本测试（生产成本）	结构正常价值 ［循环论证，成本特殊市场状况会导致产品价格不可靠］	替代国
↓	↓	↓	↓
主要原材料价格被政府控制	主要原材料市场存在特殊情形（政府干预、补贴等因素）	主要原材料市场存在特殊情形	生产要素法
↓	↓	↓	↓
替代主要原材料成本（CV）	替代主要原材料成本进行测试 ［如果全部低于成本，则适用CV］	替代主要原材料成本（CV）	外部基准
↓	内部基准 ↓ ／ 外部基准 ↓	↓	↓
外部基准（如国际市场价格）	政府补贴率或回归模型 ／ 如国际市场价格	外部基准 如国际市场价格	外部基准 如第三国要素价格或国际市场价格
↓	↓ ／ ↓	↓	↓
美国PMS	美国PMS ／ 欧盟PMS	澳大利亚PMS	欧盟严重市场扭曲

种方法是对涉案产品销售不做判断，但认定出口国涉案产品主要原材料销售市场存在特殊情形，进而使用替代的方法提高原材料采购成本，并采用替代后的成本进行低于成本测试。如国内市场涉案产品销售全部低于成本，则适用第一种方法。如果涉案产品销售部分低于成本，则使用排除低成本后的交易计算正常价值。在实践中，美国多数案件是适用第二种方法，认定涉案产品的主要原材料存在特殊市场情形，据此忽略应诉公司实际会计记录的原材料采购成本。值得注意的是，虽然美国立法上不限制其适用外部替代方法提高成本，但现有案件中，美国往往通过应诉公司原材料获得的政府"补贴率"或适用经济学"回归分析"的方式找到合适的采购价格，从而提高应诉公司的

成本，没有适用"外部替代"方法。

　　欧盟实践中存在两种适用路径。一种采用美国第二种方法的逻辑，认为原材料销售市场受到政府干预等因素存在特殊情形。涉案公司采购原材料的成本不能合理反映涉案产品正常生产成本，并采用替代的方式提高应诉公司主要原材料采购成本，使用该提高后的成本进行低于成本测试。如果涉案产品国内销售全部低于成本，则使用提高后的成本结构正常价值。如果涉案产品国内销售没有全部低于成本，则使用排除低成本后的交易计算正常价值，进而达到提高倾销幅度的目的。另一种方法则是通过认定涉案产品的整个产业由于政府干预等因素存在严重市场扭曲，这种方式并不区分涉案产品销售市场和原材料等成本采购市场，在认定整个产业存在严重市场扭曲的情况下，直接适用生产要素替代的方法计算正常价值。

　　澳大利亚在美国和欧盟方法中折中适用。澳大利亚在对中国实践中主要分析涉案产品所在的行业存在特殊市场情形，其分析方法类似于欧盟，如果涉案产品主要原材料市场受到政府干预，不反映市场竞争价格，这一价格则会直接影响到涉案产品的销售价格，从而导致人为压低涉案产品市场销售价格，也不反映市场竞争价格。在此情况下，澳大利亚调查机关使用结构正常价值的方法计算倾销幅度。而在结构正常价值时，基于主要原材料市场存在特殊市场情形，进而采用国际市场价格或其他方法人为提高涉案产品的生产成本，达到提高倾销幅度的目的。澳大利亚在前段的特殊市场情形分析方法类似欧盟做法，而在计算正常价值时采取类似美国的做法。

纵观美、欧盟和澳大利亚的实践做法，对中国的影响依稀可辨：一是三个成员不约而同地将政府干预作为特殊市场情形的重要因素，而这一定程度上也是中国与西方国家的发展模式的差异。二是特殊市场情形的适用范围由涉案产品扩展至涉案产品的原材料领域，这实质是指向了中国几十年来制造业迅速发展的成本优势。三是使用替代数据方法计算正常价值，进而维持对中国征收较高的倾销税率。对于上述三个成员使用替代数据方法计算正常价值与传统的替代国方法有何不同，笔者在下章进行详细论述。

第四章
特殊市场情形规则与"替代国"条款

如前所述，当前特殊市场情形条款的最终目的是使用成本替代数据方法计算正常价值。对于使用替代数据方法计算正常价值与传统的替代国方法有何不同？中国加入世贸组织议定书第 15 条是中国为打破"入世"谈判僵局，在统筹得失后，在反倾销领域做出的让步。该条款中所涉及的正常价值计算方法被称为"替代国"做法，已成为多年来对中国进行反倾销调查的主要方法，也是中国企业应诉中面临的核心问题。随着该条款部分内容于 2016 年 12 月 11 日到期，其他成员是否可以继续适用替代国条款对中国进行调查？特殊市场情形条款是否可以取代替代国条款，成为新的针对中国的"替代国条款"？本章围绕这一问题进行分析。

第一节 "替代国"条款

一、入世议定书第 15 条的谈判历程

（一）"替代国"做法的产生

1947 年，美国主导建立了世界上第一个全球贸易体系，由此产生了《关税与贸易总协定》（GATT）。但由于参与此贸易体系的国家

中并没有社会主义国家，所以在涉及反倾销问题的 GATT 第 6 条中并没有关于"非市场经济问题"的规定①。在 20 世纪 50—60 年代，随着波兰、罗马尼亚和匈牙利加入 GATT，在后来的缔约方全体大会上，有成员建议修改第 6 条中关于设立可比价格的规定，以便规范来自这些垄断国家的产品。虽然修改意见没有通过，但缔约国全体也同意就这一问题设立一条解释性的注释，这就是 GATT 第 6 条第 1 款的注释 2②。该条注释承认了在进口产品来自贸易被完全或实质上完全垄断的国家，且所有国内价格均由国家确定的情况下，价格可比性可能存在特殊困难，对与此类国家的国内价格进行严格比较不一定适当③。但该注释并未规定当存在困难无法进行价格的严格比较时应当怎样处理，是否可以使用"替代国"做法。

而所谓"替代国"的做法最早源于美国《1974 年贸易法》，是指在倾销幅度确定的问题上，对于非市场经济国家而言，无法通过其国内价格确定其成本，需要选择一个第三国进行参考。选择参考的国家应该是生产同类产品的市场经济国家，经济发展水平大致和出口国相当。这一制度在实际的操作中也给予了调查机关充分的自由裁量权，可选的替代国范围极大，既可能是一个国家，也可能是几个国家相关

---

① John Jackson, *State Trading and Non-market Economies*, 23（4）INT'L LAWYER 891, 891–3（1989）.

② GATT Analytical Index, Article VI Anti-Dumping andCountervailing Duties, 228, www.wto.org/english/res_e/booksp_e/gatt_ai_e/art6_e.pdf，最后访问日期：2020 年 1 月 2 日。

③ 闫怀柏：《非市场经济地位在反倾销中的法律依据问题浅论》，载《法制与经济（下半月）》2007 年第 4 期。

数据的平均值;既可以是整体数据替代,也可以是成本中部分要素的数据替代。

(二)中国入世议定书第 15 条的由来

中国与各国积极谈判协商加入 WTO 时,当时中国正进行社会主义市场经济改革,各国对中国市场经济的发展还不了解,存有顾虑。特别是部分成员认为 GATT 第 6 条脚注 2 对"非市场经济"的方法对中国适用困难,因此需要单独确立一个特殊的规则[①]。因而中国在入世谈判中是做出了很多妥协的。这些妥协写入了中国《入世议定书》和《工作组报告》中。2001 年 12 月 11 日,中国正式成为世界贸易组织成员。中国《入世议定书》15 条明确规定,世贸组织其他成员在对中国的反倾销调查时,在确定自中国进口产品的价格可比性时,可以适用涉案企业的中国国内价格或成本确定正常价值,也可以适用不依据与中国国内价格或成本进行严格比较的方法,即"替代国"方法确定涉案企业的正常价值。这一规定主要体现在中国《入世议定书》15 条 (a)(i) 和 (a)(ii) 中。

二、"替代国"条款规定

该条款标题为《确定补贴和倾销价格可比性的方法》,是在世界贸易组织(以下简称 WTO)《反倾销协定》和《反补贴协定》之外,针对中国产品的反倾销、反补贴调查的额外规定,其中一个核心内容是在对中国产品进行反倾销调查时,在确定其价格可比性的过程

---

① General Agreement on Tariffs and Trade, Working Party on China's Status as a Contracting Party, GATT Doc,L/6191/Rev.1(Feb.25, 1988).

中，"如果受调查的生产者不能明确证明生产该同类产品的产业在制造、生产和销售该产品方面具备市场经济条件，那么相关世贸组织进口成员可使用不与中国国内价格或成本进行严格比较的方法"[①]，即所谓的"替代国"方法。同时，该条款还指出，"无论如何（In any event）"，"替代国"做法应在中国入世之后 15 年（2016 年 12 月 11 日）终止。

该条款产生的直接结果是中国企业在受到反倾销调查时很容易被裁定出很高的反倾销税。如在欧盟对华熨衣板反倾销案中，获得市场经济待遇的企业（使用该企业内销数据计算正常价值）最终获得了零税率，而其他企业获得的税率则在18.1%—38.1%之间[②]。由此可见"替代国"做法对企业最终的应诉结果影响之大。

第 15 条（d）款规定了替代国方法终止的有三种情形。一是按照进口国的国内立法，证实中国是一个市场经济体。二是无论如何，在中国入世 15 年后，替代国方法终止使用。三是要按照进口国的国内立法，证实中国涉案产业具备市场经济条件。然而，对于第二种终止情形，美欧等国给出了不同的解读，认为入世 15 年后只是关于市场经济地位的举证责任发生转移，"替代国"做法并不自动终止。

[①] 陈力：《国际贸易救济法律制度中的非市场经济规则研究》，复旦大学 2006 年博士论文，第 63 页。

[②] 参见《欧盟对自中国进口的熨衣板产品反倾销案终裁裁决公告》，2007 年 4 月 26 日发布，http://eur-lex.europa.eu/LexUriServ/LexUriServ.do?uri=OJ:L:2007:109:0012:0021:EN:PDF，最后访问日期：2019 年 7 月 17 日。

三、替代国条款到期终止问题研究——以 DS516 案件为视角

（一）案件背景

2016 年 12 月 11 日，中国加入世贸组织（WTO）《议定书》第 15 条有关反倾销价格比较方法的特殊规定到期，但欧盟仍未修改其反倾销立法中针对中国产品适用的歧视性"替代国"反倾销方法。虽然欧盟在 2017 年 12 月 20 日修改了其《反倾销基本条例》，但在此期间立案和裁决的案件，仍然沿用此前的办法，对中国出口产品使用"替代国"做法。因此，2016 年 12 月 12 日，中国向欧盟提出磋商请求，正式将其有关法律条款诉诸世贸组织争端解决程序。多个世贸组织成员高度关注本案。澳大利亚、美国等多个成员方作为第三方参与本案[①]。

欧盟原法律（2016/1036）第 2（7）条有（a）到（d）四个基本条款。第 2（7）（a）条规定了对于非市场经济国家正常价值的认定。在其脚注 1 中列明了 12 个非市场经济国家[②]。对于这些非市场经济国家，第 2（7）（a）条明确规定正常价值应根据以下原则确定：一是一个市场经济的第三国的价格或结构价值；二是该市场经济第三国对第三国的出口价格，包括出口至欧盟的价格；三是在上述方法不可行的情况下，根据其他合理的方法确定，包括使用欧盟内同类产品实际支

---

① European Union—Measures Related to Price Comparison Methodologies, WT/DS516, www.wto.org/english/tratop_e/dispu_e/cases_e/ds516_e.htm，最后访问日期：2020 年 1 月 10 日。

② 阿尔巴尼亚，阿美尼亚，阿塞拜疆，白俄罗斯，格鲁吉亚，吉尔吉斯斯坦，摩尔多瓦，蒙古，朝鲜，塔吉克斯坦，土库曼斯坦和乌兹别克斯坦。

付的或可支付的价格，同时要根据需要进行必要的调整以包含合理的利润。第2（7）（a）条也规定了替代国选择的标准。第2（7）（b）条规定对来自中国、越南、哈萨克斯坦和其他已经成为世贸组织成员的非市场经济国家产品的正常价值计算方法。对于这些国家，如果被调查的出口商或生产商根据第2（7）（c）条确定的标准和程序表明其被调查产品的生产和销售满足了市场经济标准，则应当根据第2（1）至（6）条款的规定确定正常价值，否则根据第2（7）（a）条款规定确定正常价值，即使用替代国的方法。第2（7）（c）详细列明了来自世贸组织成员的非市场经济国家的出口商或生产商需要证明其具备市场经济条件所需满足的5条标准 [①]。

（二）各方主要观点

本案中，中方基本主张是：中国入世15年内，由于《议定书》第15（a）（Ⅱ）条的存在，其他 WTO 成员对中国出口可以采用"替代国"方法计算倾销幅度，但2016年12月11日之后，第15（a）（ii）条到期终止，其他成员方对中国出口进行反倾销调查，应适用 WTO 协定中关于反倾销的一般规则，不得再适用"替代国"做法。中国认为，GATT1994 和《反倾销协定》只允许调查机关在满足特定条件下时偏离与国内价格或成本严格比较的方法计算正常价值，2016年12月11日，条款失效后，欧盟法律仍然维持了此前的规定，不仅违反

---

① REGULATION（EU）2016/1036 OF THE EUROPEAN PARLIAMENT AND OF THE COUNCIL on protection against dumped imports from countries not members of the European Union, Official Journal of the European Union, L 176/21.

了 WTO 反倾销有关规定，也违反了最惠国待遇的基本原则①。

欧盟基本观点是：《议定书》第 15（a）（ii）条虽已失效，但第 15 条未失效，其他部分仍然允许其他 WTO 成员在认定中国存在非市场经济情形时采用"替代国"方法。此外，WTO 反倾销一般规则也允许调查机关在出口市场存在扭曲等非正常情形下使用第三国价格成本数据计算倾销幅度，即允许调查机关拒绝采用非市场决定的价格或成本，并使用第三国价格成本数据计算正常价值②。

其他第三方如美国、日本、巴西、加拿大等纷纷发表了意见。美国在书面陈述中认为中国未转型为市场经济国家，认为 GATT1994 和《反倾销协定》向来允许调查机关拒绝采用非市场决定的价格或成本计算正常价值，《议定书》第 15（a）条佐证上述规定对中国产品同样适用③。

（三）观点辨析

中国在起诉时没有依据议定书 15 条，而是认为欧盟做法违反了世贸组织反倾销协议 2.2 条和 GATT1994 脚注 2，只有在满足 GATT1994 脚注 2 的时候才允许使用替代国方法，在 2016 年 12 月

---

① China Opening Statement, European Union – Measures Related to Price ComparisonMethodologies, WT/DS516.

② First Written Submission by the European Union, European Union – Measures Related to Price Comparison Methodologies, WT/DS516（Nov.14, 2017），http://trade.ec.europa.eu/doclib/docs/2017/November/tradoc_156401.pdf，最后访问日期：2020 年 2 月 2 日。

③ Third Party Submission of the United States, EuropeanUnion – Measures Related to Price Comparison Methodologies, WT/DS516（Nov.21, 2017），https://ustr.gov/sites/default/files/enforcement/DS/US.3d.Pty.Su.pdf，最后访问日期：2020 年 2 月 2 日。

11 日之后，欧盟的立法和实践并没有世贸组织规则的依据。但欧盟、加拿大和美国则将本案争议引向中国入世议定书 15 条，认为中国入世议定书 15 条没有到期，仍然允许世贸组织成员对中国使用替代国做法。由此可见，议定书 15 条中替代国条款是否到期仍是本争议的核心。

本争议也引起了学术界的争论。议定书第 15 条明文规定，"无论如何，a 款 ii 项在中国加入世贸组织 15 年后终止"，对此争议各方和理论界基本没有分歧。但学者对第 15a 帽段和 i 项是否终止以及对 a 款（ii）项到期后的法律后果理解不一。主要有以下观点。

一是替代国条款到期终止说。该理论认为，自 2016 年 12 月 11 日之后，随着 15 条（a）款（ii）项到期，该款的帽段和（i）项也随之失效。世贸组织成员在对中国的反倾销调查中不得继续使用"替代国"方法计算正常价值。但究其终止原因，又有不同的观点。一种观点从市场经济地位角度来论证，认为 2016 年 12 月 11 日后中国应自动取得市场经济地位，对于中国的反倾销调查应根据世贸组织协议的一般规则进行，因此不可以对中国使用替代国方法。另一种观点认为市场经济地位与替代国做法是两个层面的问题，入世议定书第 15 条并不是为了解决中国市场经济地位问题，而是为了解决补贴和倾销中的价格可比性问题。根据条约解释原则，条约应按其词句在上下文中的正常含义，参照条约的目的与宗旨，善意予以解释。15a 款中的替代国做法仅仅出现在 15a（ii）中，15 条 a（i）款并未提及替代国做法的适用，因此 15a（ii）到期后中国《入世议定书》15a 款已无适用替代国做法的法律依据①。还有的观点从举证责任的角度进行论述，认为根据条约的上下文解释和整体解释，(a) 的帽段的后半句以及(i) 和 (ii) 项是不可分割的整体，(i) 和 (ii) 分别规定了被调查中国生产商应承担的倒置举证责任以及相应的后果，即分别为举证成功和举证未成的后果。a (ii) 项终止意味着中国生产商不再承担倒置举证未成的后果，不再受到歧视性替代国待遇，a (i) 项也就不复存在②。

二是替代国条款到期延续说。该理论认为，15a (ii) 条款终止并不会导致该条其他条款失效，中国的"非市场经济"身份不会改变，其 WTO 成员仍可采用替代国方法计算中国出口产品的正常价值。然而，在具体使用时，由于 15a (ii) 条款到期，举证责任发生了变化，在中国生产商举证不成的情况下，WTO 成员不能采用推定的方式适用替代国方法③。

笔者认为，实践中，对条约中的表述有不同理解是正常的，特别是在签订条约后的随着贸易、政治等环境发生变化的情况下，签约各方都可能从各自的角度去解释条约。《关于争端解决规则与程序的谅解》第

---

① 张丽英:《中国入世议定书第 15 条到期的问题及解读》，载《中国政法大学学报》2017 年第 1 期。

② 张乃根:《中国入世议定书第 15 段的条约解释——以 DS397 和 DS516 为例》，载《法治研究》2017 年第 6 期。

③ 胡加祥:《中国入世议定书第 15 条之解构》，载《法学》2017 年第 12 期；Jorge Miranda, *Interpreting Para.graph 15 of China's Market Economy Status After December 2016 Is Contingent upon Whether China Has in Fact Transitioned into a Market Economy,* Global Trade and Customs Journal, Vol.11, Issue 5, 2016；Theodore R. Posner, *A Comment on Interpreting Para.graph 15 of China's Protocol of Accession by Jorge Miranda*, Global Trade and Customs Journal, Vol.9, Issue 4, 2014.

11 条和世贸组织反倾销协议 17.6（II）明确规定，协议解释应适用习惯国家公法规则，由此《维也纳条约法公约》第 31 条和第 32 条成为世贸组织争端解决解释世贸组织规则的最基本的依据①。根据《维也纳条约法公约》第 31 条第 1 款，条约应按其词句在上下文中所具有的正常含义，对照条约的目的与宗旨，善意地予以解释。基于这个原则，笔者对议定书 15 条 a 款进行分析：

其一，上诉机构在多起案件表示，要从协议的整体和一致性角度来分析争议问题②。议定书 15 条的标题是为了倾销和补贴调查中确定价格可比，条文一开始明确规定，GATT1994 和世贸组织反倾销反补贴协议应该适用于对中国的反倾销调查，同时与 15 条内容相一致（consistent with）。议定书 15 条是世贸组织反倾销反补贴协议的一部分，不能割裂两者看待对中国的反倾销调查以及适用所谓的"替代国"方法，我们应该从世贸组织协议整体角度来看待替代国条款，而不能仅仅局限于分析议定书 15 条。根据整个反倾销协议框架，在确定可比价格时，应使用出口产品的国内价格和成本。但存在法定的例外，一是 GATT1994 脚注 2 例外，一是中国 15 条的规定。上述条款都有严格的法定限制。GATT1994 脚注 2 规定了两个条件，而 15 条则有 a 款的明文限制。

---

① Appellate Body Report, Japan-Alcoholic Beverages II, DSR 1996:I, p.102.

② Appellate Body Report, United States—Continued Existence and Application of Zeroing Methodology, WT/DS 350/AB/R（19Feb of 2009），para.268; Appellate Body Report, China — Measures Affecting Trading Rights and Distribution Services for Certain Publications and Audiovisual Entertainment Products, WT/DS363/AB/R（19Jan of 2010），para.399.

其二，根据15条帽段，关于反倾销和反补贴的一般世贸规则适用于中国，但第15条中规定了针对中国的特殊规则时，则优先适用特殊规则。第15条a款规定了对中国产品确定反倾销正常价值的特殊规则。帽段描述了确定正常价值的两种方法，即使用中国价格或成本的方法，或不依据与中国价格或成本严格比较的"替代国"方法。帽段还规定，使用着两种方法应当"基于"（i）项（ii）项。因此，使用两种方法应当根据（i）项和（ii）项规定的两种规则。帽段列出的两种方法与（i）和（ii）两项规则存在对应关系。（i）规定了对应使用中国价格或成本的方法的规则。（ii）项规定了对应使用替代国方法的规则。帽段列出的每个方法的使用规则是唯一的，调查机关职能就是依据（i）（ii）两项规则使用对应方法。（i）和（ii）项是二元关系，分别规定了中国企业能证明其所在行业具备市场经济条件和中国企业不能证明其所在行业具备市场经济条件的情形，是一个硬币的两面。（ii）项是整个a款中对一般规则的唯一背离，是其他成员第15条项下对中国使用"替代国"的唯一授权。（ii）项到期后，a款帽段中规定的"替代国"方法失去了对应的使用规则，不能再作为其他成员对中国使用"替代国"的法律依据或授权。（ii）项到期后，（i）（ii）两项之间的二元结构不复存在，（i）项也失去了现实的作用。如果认为帽段和（i）项仍然具有现实作用，并可以被解读为在调查机关能够证明不存在市场经济条件的情况下〔仍属于（ii）项规定的中国生产者不能证明存在市场经济条件的情况之一〕，可对中国使用"替代国"方法，则直接与（ii）项过期相冲突，违反条约有效解释原则。

其三，A 款帽段和（i）项等剩余条款不具有现实作用，并不意味着这些条款没有意义，应当将其置于 a 款的整体框架中，将（ii）项过期作为其上下文进行解释。由此（i）项应理解为在（ii）项存续期间具有作用，即要求在中国加入 15 年内，进口成员在被调查的中国生产者能够证明存在市场经济条件的情况下使用中国价格和成本计算正常价值。这符合世贸组织上诉机构在美国—高棉案中的裁定，根据该裁定，《补贴与反补贴措施协定》中已过期的条款应当对理解 SCM 协定的整体结构具有有益的作用。这样就和 15 条 D 款相互对应，D 款第一句话和第三句话是"提前毕业"条款，在中国证明其是一个市场经济体或证明某一特定产业部门具备市场经济条件后，受调查的生产者无须再证明其具备市场经济条件，a 款自然整体终止。D 款第二句只规定 a 款（ii）项无论如何到期，而未规定整个 a 款到期，是因为（ii）项是整个 a 款中对一般规则的唯一背离，是其他成员在第 15 条项下对中国使用"替代国"的唯一授权，（ii）项到期，第 15 条项下使用"替代国"的授权即终止。

总之，美欧的所谓的理论和实践做法违反了国际法根本原则，即"条约必须信守"。《维也纳条约法公约》第 26 条规定，凡有效的条约对其各当事国有拘束力，必须由其善意履行，一当事国不得援引其国内法规定为理由而不履行条约。条约必须信守原则不仅是条约法上的一个最重要的基本原则，也是久经确立的并得到公认的国际法原则①。中国入

———

① 白明：《替代国做法不是世贸组织反倾销规则的一般方法》，载《人民论坛·学术前沿》，2019 年 2 月 9 日。

世议定书明文规定第 15 条（a）款（ii）项"无论如何"应于中国入世十五年后失效，这是十五年前世贸组织全体成员所做的一致承诺。上诉机构在欧盟紧固件案中也作了同样的认定，认为 15 条 a 款的实施是有期限的①。然而，美国和欧盟不仅在实践中对中国继续采用"替代国"做法，而且刻意曲解国际规则，认为"替代国"做法是世贸组织反倾销规则中的一般方法，进一步试图跳出入世议定书 15 条框架继续对中国适用"替代国"方法，为其采用"特殊市场情形"提供理论依据。本书认为"替代国"方法不是世贸组织规则的一般方法，也正是如此，在 15（ii）到期后，对中国的反倾销调查应当适用一般方法，对此，本书将在下一章详细论述。

第二节　美欧关于特殊市场情形与"替代国"条款的比较

一、美国关于非市场经济计算倾销幅度的法律和实践

美国现行有效的《1930 年关税法》第 771(18)节(A)项规定，"非市场经济国家"是指美国商务部认定的其国内成本与价格不反映市场规律、因而其国内产品售价也不代表该产品的真实价格的国家。在反倾销调查中，对原产于这些国家进口产品，美商务部将使用市场经济

---

① Report of the Appellate Body, *EUROPEAN COMMUNITIES – DEFINITIVE ANTI-DUMPING MEASURES ON CERTAIN IRON OR STEEL FASTENERS FROM CHINA*, WT/DS397/AB/R, p.122.

第三国（即替代国）的价格或成本计算其正常价值①。

在美国反倾销法律中，针对所谓"非市场经济国家"有着特殊的规定。美国认为，社会主义国家的经济是被国家垄断的，国家控制商品的价格和出口，因此进口国在反倾销调查中需要用其他市场经济国家（替代国）的价格确定其正常价值，从而确定倾销幅度②。美国《1930年关税法》第771（18）（A）节中提出了"国家控制经济"的概念，即"不依据成本或者定价结构的市场规则运行的，产品的销售不能反映产品正常价值的国家"③。但该法并没有规定如何计算倾销幅度。1960年美国财政部在对捷克斯洛伐克自行车反倾销调查中第一次使用了"替代国"方法计算正常价值，即以一个市场经济国家类似产品的价格确定被调查产品的正常价值④。在法律上首次明确提出使用替代国方法是1973年美国《海关条例》。其第153.5（b）节中规定，如果现有数据证明，来自计划经济国家的出口商品在美国以外的销售价格受到一定程度的控制，且无法根据本条例第153.3节、153.4节计算正常价值，财政部将以类似产品在非计划经济国家在其境内销售价格或者出口价格，包括美国的结构价格（包括成本、费用和利润）为准计算正常价值⑤。1988年，美国

① Tariff Act, 19 U.S.C, § 1677b（c）（4）（1930），§771（18）（A）.
② 陈玉祥：《美国反倾销自由裁量权制度研究》，武汉大学出版社2011年版，第7页。
③ Tariff Act, 19 U.S.C, § 1677b（c）（4）（1930），§771（18）（A）.
④ Bicycle from Czechaslovakia, 25 Fed, Reg 9, 782（1960）.
⑤ 陈力：《国际贸易救济法律制度中的非市场经济规则研究》，复旦大学2006年博士论文，第31—32页。

制定了《1988 年综合贸易与竞争法》进一步对"非市场经济国家"给予了解释，即指企业的出口定价规则不符合市场经济原则，企业产品的销售价格不能体现商品的正常价值。在判断是否为"非市场经济国家"时候，该法律给出了 6 条判断标准：货币的可兑换程度；企业雇主与雇员之间谈判工资的自由程度；外国公司在该国投资行为的自由化程度；政府对生产资料的所有或控制程度；政府控制资源分配和对企业定价和产量的控制程度以及其他因素；等等①。此外，美国在传统替代国方法的基础上延伸出了"生产要素法"②。调查机关不直接采用类似产品在类似经济发展水平销售价格作为替代价格计算被调查产品同类产品的正常价值，而是接受涉案企业自身的生产被调查产品及其同类产品的投入量，如原材料使用数量、能耗数量、劳动时间等，再使用类似经济发展水平第三国的投入物的价格乘以涉案企业实际投入量，计算出被调查产品的生产成本，然后加上合理的费用和利润，从而确定替代正常价值③。这种方法表面上接受了涉案企业的投入物，但实践中需要涉案企业提供全部的成本数据，在实际上增加了企业的应诉负担。在此后的调查中，美国调查机关发现非市场经济国家内部部分行业可能会具有市场经济的

---

① 张亮：《美国非市场经济反倾销立法与实践探讨》，载《南京经济学院学报》2001 第 6 期，第 56—59 页。

② 1975 年在波兰电动高尔夫车案中最先确立该方法，并在 1988 年《综合贸易与竞争法》中成为优先适用的方法。参见陈力《美国反倾销法之"非市场经济"规则研究》，载《美国研究》2006 年第 3 期，第 77—92 页。

③ 19USCA，§1677b（c）（1998）.

特点，因此需要适当放宽标准。

在 1980 年薄荷醇反倾销案中，美商务部认定中国为国家控制经济 ①。在 1991 年和 1992 年对中国输美磺氨酸案和输美电风扇案中，美国调查机关使用了所谓"市场导向行业测试法"，如果涉案企业通过该测试，可以使用与其他对待市场经济国家的方法计算倾销幅度，否则仍然使用替代国方法计算正常价值 ②。市场导向行业测试法包括三个方面的内容：（1）被调查产品的定价或产量不存在实际上的政府干预；（2）生产被调查的产业应当以私有或集体所有制为主；（3）所有有形的或无形的（如劳动力和经常性成本）重要因素投入，以及构成被调查产品总价值的绝大部分要素投入，都必须以市场价格购买 ③。此外，如果在制造该要素的产业中存在任何国家规定的生产，那么该规定生产的份额必须是微不足道的 ④。

二、欧盟"替代国"条款规定

1968 年欧共体（欧盟前身）颁布了第一部反倾销基本法律

---

① Donald L. Cuneo et.al., *Roadblock to Trade: The State-Controlled Economy Issue in Anti-dumping Law Administration*, 5（2）FORDHAM. INT'L 1. J.277, 282（1982）.

② Sulfanilic Acid from the People's Republic of China, Final Determination of Sales at Less thanFair Value, 57 Fed. Reg.9409（U.S. Dep't Com., March 18, 1992）; Oscillating Fans and Ceiling Fans from the People's Republic of China, Preliminary Determination of Sales at Less than Fair Value, 56 Fed. Reg.25664（U.S. Dep't Com., June 5, 1991）.

③ 包胜辉:《欧盟反倾销法分别税率问题研究》，中国政法大学 2011 年硕士论文，第 9 页。

④ Robert H. Lantz, *The Search for Consistency: Treatment of Nonmarket Economies in Transition under United States Anti-dumping and Countervailing Duty Laws*, 10 AM. U. INT'L 1.REV.1004（1995）.

（459/68），第 3.6 条首次提出"贸易垄断国家"概念，该条款与GATT 第 6 条脚注 2 的规定是一致的。而"非市场经济国家"这个概念最早出现在欧盟 1979 年的颁布的 1681/79 号条例里，其附件中明确列出包括中国和苏联在内的非市场经济国家名单，第 3.2（c）项中首次规定调查机关对于非市场经济国家可以采用替代国的方法计算正常价值。1995 年，欧盟发布《反倾销基本条例》（384/96），保留了针对"非市场经济国家"的有关规定。1998 年，欧盟对《反倾销基本条例》作出了修改，在保留"非市场经济国家"有关的规定的同时，对中国和俄罗斯等转型经济国家作出特殊规定，转而使用"转型经济体国家"概念，并据此制定了转型经济国家应诉企业满足市场经济条件的 5 条标准。2002 年，欧盟颁布 1972/2002 号条例，将俄罗斯从转型经济行列中排除。2016 年欧盟发布新的《反倾销基本条例》（1036/2016），保留了有关"非市场经济"和转型经济国家的规定[①]。

与美国不同，欧盟 2016 年《反倾销基本条例》并未给"非市场经济国家"下定义。该条例 2A 条第 7 款（a）项采用列举的办法，将阿尔及利亚、亚美尼亚等 12 个国家规定为"非市场经济国家"。对原产于这些国家的进口产品，欧盟在反倾销调查中使用市场经济第三国（即"替代国"）的价格和成本确定产品的正常价值。

按照欧盟《反倾销基本条例》第 2（A）条第 7 款（b）项规定，

---

① Regulation 2016/1036 of the European Parliament and of the Council of 8 June 2016 on Protection Against Dumped Imports from Countries not Members of the European Union, 2016 O.J.（L176/21）.

转型经济国家包括三类：一是已经加入世贸组织的中国和越南两国，二是尚未加入世贸组织的哈萨克斯坦，三是发起调查时已成为世贸组织成员的"非市场经济国家"（前述亚美尼亚等 12 国）。对于这些转型经济国家的出口企业，如果能够证明其是在"市场经济条件"下经营，可以免于"替代国"方法的适用①。同款（c）项规定，对于转型经济国家应诉出口商可以申请单独市场经济待遇，基本沿用此前规定的满足市场经济条件的 5 条标准②。如果出口商通过这 5 条标准测试，则可适用 2.1 至 2.6 款对市场经济成员的方法计算正常价值。如果没有通过测试，则使用替代国价格计算正常价值，即采用一个市场经济的第三国企业的价格或成本，或使用第三国销售到包括欧盟在内的其他国家的出口价格，或在这些都不可能的情况下适用任何其他合理基础，包括欧盟同类产品实际支付或应付的价格，如有必要应适当

---

① Regulation 2016/1036 of the European Parliament and of the Council of 8 June 2016 on Protection Against Dumped Imports from Countries not Members of the European Union, 2016 O.J.（L176/21）.

② 该五条标准为：一是公司在作出价格、成本、包括实质原材料的投入、科技和劳工成本、产量、销售、投资决定时，是否根据市场信号作出并反映了市场的供需情况，没有受到政府的显著干预；二是公司有明确清晰的且根据国际通行会计准则独立审计的会计记录；三是公司的生产成本和财务状况没有受到此前非市场经济制度的显著干扰，特别是与资产折旧、其他冲销、易货交易等方面相关的成本和财务状况；四是公司运行适用破产法和财产法，且上述法律具有确定性和稳定性；五是汇率换算根据市场汇率进行。参见 Regulation 2016/1036 of the European Parliament and of the Council of 8 June 2016 on Protection Against Dumped Imports from Countries not Members of the European Union, 2016 O.J.（L176/21）.

调整 ①。

三、特殊市场情形与"替代国"条款比较分析

比较美欧特殊市场情形和非市场经济条款，在法律规定和具体适用上有类似之处，但也有明显的不同。

两者类似之处在于：其一，均考察价格和市场的关系。即被调查产品的价格是否反映市场竞争和供求状况，特别是政府干预和补贴是重要的考虑因素。在审查特殊市场情形中，政府补贴和对价格的干预成为调查机关考察的重要因素。而从非市场经济国家的定义和市场经济测试标准也很容易看出，政府对市场和价格干预和控制是立法和调查机关考察的重要因素。其二，目的有类似之处。无论是特殊市场情形还是非市场经济条款，调查机关均可以拒绝采信涉案企业自身的国内销售价格或成本数据，从而达到对成本数据进行调整，提高倾销幅度的目的。

然而，两者也有明显的不同之处：其一，适用对象不同。特殊市场情形包括欧盟市场扭曲条款适用对象在名义上没有限制，即对所有世贸成员。而非市场经济条款适用的是所谓"非市场经济"国家或转型经济国家进口的产品。因此，特殊市场情形不具有名义上歧视性，而非市场经济条款具有明显的歧视性。

其二，法定标准不同。特殊市场情形条款本身标准是模糊的，给

---

① Regulation 2016/1036 of the European Parliament and of the Council of 8 June 2016 on Protection Against Dumped Imports from Countries not Members of the European Union, 2016 O.J.（L176/21）.

调查机关留下较大的自由裁量权。而替代国条款中应诉公司申请市场经济待遇或市场经济导向有明确的审查标准。欧盟市场扭曲立法对调查机关需要考虑的因素做出了类似替代国条款中市场经济待遇的规定。

其三，涉案企业举证责任不同。在具体个案中，申请人有责任对特殊市场情形提供指控，调查机关在通过个案审查后作出认定。而替代国条款建立在法定推定基础上，对来自非市场经济国家或转型经济体国家的涉案企业，除非其举证满足市场经济导向或市场经济条件，否则调查机关可直接使用非市场经济条款。

其四，正常价值计算方法不同。如果被调查产品同类产品在出口市场被认定存在特殊市场情形，调查机关可采用结构正常价值的方法或者对第三国出口价格，虽然特殊市场情形延伸到被调查产品及其同类产品成本的确定，在此类情况下，调查机关可以对成本进行调整，并可能使用替代数据，从目前法律规定和实践来看，美国没有明确使用替代国的方法计算正常价值。但对非市场经济条款，则明确授权美国调查机关采用替代国方法计算正常价值。对于欧盟来说，特殊市场情形的计算方法类似于美国，但对于存在市场扭曲的国家，可以直接使用替代国，这一点和此前的替代国条款类似。然而，此前欧盟使用替代国的方法是直接采用第三国价格替代涉案国国内销售价格，但近期对中国市场扭曲调查发现，欧盟采用类似于美国替代国方法中的生产要素替代方法，对应诉企业的成本要素价格进行替代。由此可见，欧盟的市场扭曲中计算倾销幅度新方法可谓是"换汤不换药"，继续使用替代国做法。

如前所述，在中国《入世议定书》15 条 a（ii）条款到期后，其他世贸成员无权再依据该议定书对中国适用"替代国"做法。为找到替代方案，美、欧、澳开始激活世贸组织中的一般规则，即"特殊市场情形"条款，试图继续使用"替代国"方法。上述成员所激活的"特殊市场情形"条款与传统"替代国"条款虽然在适用条件、适用对象、标准等上存在不同，但适用结果是类似的。欧盟高级官员在记者发布会上明确表示："新的方法能够保持与传统'替代国'方法同等保护水平①"。然而，美、欧、澳新方法在诸多方面并不符合世贸组织规则，本书在下一章对此进行详细的论述。

---

① European Commission, Joint Press Conference by Jyrki Katainen, Vice-President of the EC, and Cecilia Malmström, Member of the EC, on the Treatment of China in Anti-Dumping Investigations（Jul.20, 2016），https://ec.europa.eu/avservices/video/player.cfm?ref=I124960，最后访问日期：2019 年 11 月 24 日。

第五章
美国、欧盟和澳大利亚的反倾销特殊
市场情形立法与实践合规性

综合上述三个成员特殊市场情形的比较研究，可以得出这样的结论，一是三个成员不约而同地把政府干预作为特殊市场情形的重要因素。二是使用特殊市场情形的最终目的是使用替代数据方法计算正常价值。美、欧、澳的调查机关在采用结构正常价值的方法计算倾销幅度时，将特殊市场情形延伸到被调查产品及其同类产品成本的确定，在此类情况下，调查机关可以对成本进行调整，并可以使用替代数据。欧盟的市场扭曲中计算倾销幅度新方法可谓是"换汤不换药"，继续使用替代国做法。这些做法是否符合倾销与反倾销的本质，是否符合世贸组织规则？笔者认为，美、欧、澳的实践做法违反了世贸组织规则，不符合协议的精神和具体规定。

第一节　替代国不是世贸组织规则正常价值确定的一般方法

在实践中，美欧提出了所谓新的理论，为其特殊市场情形或者严重市场扭曲立法辩护，认为世贸组织反倾销规则确定正常价值的方法是不穷尽的。美欧认为，反倾销规则判断倾销的核心是寻找可比价格。而什么是正常价值？反倾销法律没有规定，只是描述了正常价值的各种确定方法，以保证其可比性，而这种描述是不穷尽的。反倾销协议第 2.1 条、第 2.2 条、GATT 第 6 条及脚注以及中国入世议定书第 15 条都是确定正常价值的方法。而这并不意味着不可以使用包括替代国在内的其他方法，只要这种方法能够找到可比的价格①。部分美国学者也持相同的看法，认为依据 2.2 条"特殊市场情形"条款，如果调查机关发现出口国国内市场价格不可比，可以直接适用"替代国"方法确定可比的价格②。

　　笔者不同意上述观点。其一，这些所谓"新理论"和"新做法"违背了世贸组织精神和倾销与反倾销的基本理论。如前所述，世贸组织反倾销规则规制的是企业价格歧视行为，而不是政府行为。尊重各成员政府经济管理方式和制度是多边体制的基础，世贸组织规则是在尊重各国发展方式和发展模式的基础上制定的③。不同经济体处于不同的发展阶段，经济运行各有特点，如果任一成员可以将反倾销扩大到对各国制度和政策的评价，将企业所处的政策条件和发展环境所产

---

　　① 转自白明《替代国做法不是世贸组织反倾销规则的一般方法》，载《人民论坛·学术前沿》，2019 年 2 月 9 日。First Written Submission by the European Union, European Union – Measures Related to Price Comparison Methodologies, WT/DS516（Nov.14, 2017），http://trade.ec.europa.eu/doclib/docs/2017/november/tradoc_156401.pdf, p.5, 最后访问日期：2019 年 12 月 3 日。

　　② André J. Washington, *Not So Fast, China: Non-Market Economy Status is Not Necessary for the "Surrogate Country" Method,* Chicago Journal of International Law, Vol.19 No.1（2018），pp.260-294.

　　③ 白明《欧盟反倾销调查新方法合规性分析》，载《中国社会科学报》2018 年 1 月 10 日。

生的竞争力归咎于企业，则将动摇整个反倾销规则的基础，也会混淆世贸组织反倾销协议与反补贴协议的界限①。

其二，对于反倾销协议正常价值确定方法的理解应是严格而不是宽泛的。美欧认为，确定正常价值的方法是不穷尽的，这是对协议的刻意曲解。反倾销关于正常价值的确定应当是穷尽和确定的。如前所述，倾销价格歧视本质要求在反倾销中实施严格价格比较，反倾销协议第 2.1 条规定了通过正常贸易过程中的国内销售价格确定。第 2.2 条规定在三种情况下两种选择办法。GATT 第 6 条脚注 2 以及个别成员国入世议定书规定了在特定条件下替代国方法。由此可见，替代国不是协议中的一般方法，只是适用于某些特定情况或依据特别条款的例外方法②。正如上诉机构在欧盟紧固件案中所阐述的那样，"虽然中国入世议定书第 15 条在国内价格认定方面确立了价格可比性的特殊规则，但这种特殊规则不是开放性的例外（open-ended exception）"③。这种例外，应该建立在协议授权或成员国加入协议时"特定义务保留"（reservation of certain obligations）的基础上④。由此可见，除这些特定

———————

① 白明《替代国做法不是世贸组织反倾销规则的一般方法》，载《人民论坛·学术前沿》，2019 年 2 月 9 日。

② 白明《替代国做法不是世贸组织反倾销规则的一般方法》，载《人民论坛·学术前沿》，2019 年 2 月 9 日。

③ Report of the Appellate Body, EUROPEAN COMMUNITIES – DEFINITIVE ANTI-DUMPING MEASURES ON CERTAIN IRON OR STEEL FASTENERS FROM CHINA, WT/DS397/AB/R, p.122.

④ James J. Nedumpara, Weihuan Zhou（Eds.）, *Non-market Economies in the Global Trading System: The Special Case of China*, Springer Nature Singapore Pte Ltd, 2018, p.102.

条件外，世贸组织规则不允许使用"替代国"做法。

第二节　特殊市场情形与政府干预

美国认为在出口国市场上如果存在广泛的政府控制价格导致价格不是竞争所形成的，则认定为存在特殊市场情形。并在实践中进一步将出口国政府补贴行为作为特殊市场情形考虑的重要因素，且将政府补贴率作为成本调整的指标。

欧盟则认为人为压低价格是特殊市场情形的一个因素，而对于什么是人为压低价格，欧盟在实践中认为政府的限制措施会影响原材料价格，然后通过与国际市场市场价格进行对比，认定出口国原材料市场存在特殊市场情形。在新制定的市场严重扭曲立法中又进一步认定当涉案产品包括原材料成本在内的价格或成本受到政府干预而非自由市场力量支配时，可视为存在严重市场扭曲。在认定是否存在政府干预时，主要考虑国家的产业政策、国有企业、金融支持等。

澳大利亚规定当严重的政府干预导致了实质性扭曲竞争条件时，满足特殊市场情形，但在对中国的调查实践中，主要审查的也是中国的产业政策、进出口管制、政府可诉性补贴、国有企业等。

如上所述，笔者认为在认定政府干预是特殊市场情形方面，上述三个成员有以下几个共同的特点：一是在原则上，无论采用什么样的表述，都认定政府干预并不一定满足特殊市场情形，只有在"广泛的政府控制价格""严重的政府干预"以及"严重市场扭曲"的情况下，才存在特殊市场情形。这种"广泛""严重"要影响到相应产品的价格，从而导致该产品价格不反映市场竞争和供求关系。二是在实践中不约而同地将矛头指向中国。在具体调查中，审查的内容基本类似，即中国的产业政策，中国政府对企业的控制、存在和监管（国有企业），中国产业补贴以及进出口管理措施等，裁决的理由和逻辑也类似，即中国政府的各种政策对企业形成了控制，影响了自由市场力在价格形成过程中发挥应有作用。三是政府干预对价格影响的体现形式是价格被"人为压低"，从而导致不能体现市场竞争价格。

上述原则上的规定和立法是否符合协议规定呢？笔者认为也不完全符合。其一，从反倾销协议第 2.2 条来看，协议并没有对特殊市场情形进行规定，因此，政府对市场的影响可能会导致特殊市场情形，但从条款目的来看，特殊市场情形必须对出口国产品的价格造成影响，从而导致该价格无法与出口价格进行比较。正如美国在调查手册说明的那样，存在广泛的政府控制价格从而价格不是竞争所形成的。因此，从法律规定看即"as such"角度分析，美国、澳大利亚和欧盟的特殊市场情形的立法并不存在明显违规之处。但欧盟严重市场扭曲立法，则是在协议以外创设的新的概念，采取的计算倾销幅度逻辑与传统特殊市场情形立法不同，属于明显违反规则。

其二，从"as applied"的角度来分析，在对特殊市场情形调查时，其调查范围要直接指向条款的目的，即特殊市场情形对相关的产品的价格造成了影响，而不能扩大调查范围。正如上诉机构和专家组在欧盟紧固件案中对欧盟单独税率测试所作的裁决一样。上诉机构和专家组认为：欧盟的单独测试所规定的法律条件超出了认定政府与出口商是否存在实质关联的范围，有些规定是和此并不相关，而是一些宏观政策的问题，如果出口商不满足这些宏观政策的其中一个条件，即便政府没有干预具体的价格和销量，企业也无法获得单独税率①。然而，在考察上述成员对中国的特殊市场情形调查中，笔者发现，调查机关的调查范围如此广泛，涉及产业政策、国有企业、金融支持、进出口措施甚至产业补贴，但这些措施或政策涉及宏观政策，在罗列一系列政策和措施后直接得出结论，并没有直接的证据证明中国相关产品的价格不反映市场竞争。由此可见，调查机关在具体调查中扩大了调查范围，这种扩大的调查范围并不能支持特殊市场情形的裁定。

其三，在调查方法上，根据世贸组织规则不能对某一成员构成事实上的歧视。从考察上述成员的调查方法来看，欧盟和澳大利亚均对中国政府发放了所谓特殊市场情形或严重市场扭曲问卷，在中国政府和企业拒绝答卷后，转而采用所谓的最佳信息进行裁决。此外，欧盟在调查中调查机关还自行发布中国市场存在严重扭曲的报告，申请人可以直接援引报告内容进行指控，在中国调查机关拒绝答卷后，根据自己发布报告的内容进行裁定。由此可见，在调查方法上，部分成员对中国已经构成了事实上的歧视。

其四，从政府干预体现形式来看，立法和实践均将"低价"作为认定特殊市场情形或严重市场扭曲标准。正如《反倾销协定》第3.1条规定的，调查机关的裁定应基于肯定性的证据和客观审查。客观审

---

① 　Panel report WT/DS379/R 7.para.s.98-7.118, 7.124, Appellate Body Report, EC-Fasteners, para.290.

查是调查机关应有的法律和规则义务。在美国热轧钢案中，上诉机构进一步裁定，在调查中，对于某些事宜，调查机关可能会拥有自由裁量权，但这种自由裁量权并不是没有限制的。特别是调查机关在调查中要掌握公平原则。美国在早期认定关联关系是否影响"正常贸易过程"时候，将关联低价交易认定为非正常贸易过程，并在计算正常价值予以排除，并不考虑关联高价交易。上诉机构认为，这种法律标准违反了客观调查和公平原则①。如前所述，三个成员在立法和实践中对政府干预扭曲市场认定标准也是如此，从理论上来说，政府扭曲并不必然导致"低价销售"，这种选择性的标准同样违反了客观审查和公平适用的法定义务。

第三节　特殊市场情形与原材料采购

"特殊市场情形"指的是某个市场的状况，这个市场的特殊情况导致了被调查企业生产的被调查产品同类产品价格不可比。那么这里的市场到底是指的哪个市场呢？

既然特殊市场情形导致了被调查产品同类产品价格不可比，那么被调查产品同类产品国内销售市场自然可以被视为特殊市场情形条款中的市场。但近年来的实践中，我们发现美、欧、澳调查机关将被调查产品同类产品原材料所处的市场也视为特殊市场情形中的一种市

---

① Appellate Body Report, UNITED STATES – ANTI-DUMPING MEASURES ON CERTAIN HOT-ROLLED STEEL PRODUCTS FROM JAPAN, WT/DS184/AB/R（24 July 2001），para.148.

场，即由于原材料市场存在特殊市场情形导致了被调查产品的价格不可比，并建立这样的逻辑：原材料市场存在特殊市场情形，这种情形使得原材料价格对被调查产品同类产品价格造成了影响，从而导致被调查产品同类产品价格不可比。这种情况是否符合世贸组织《反倾销协定》的规定？

对于成本的确定，反倾销协议第 2.2.1.1 条有明确的规定，即"成本通常应以被调查的出口商或生产商保存的记录为基础进行计算"[1]。此外第 2.2.1.1 条也规定了两种例外情形，即如果成本记录不符合出口国的公认会计原则，或者成本记录不能合理反映与被调查的产品有关的生产和销售成本[2]。美、欧、澳观点认为：一是"通常"一词表明在特殊情况下，可以不采用生产商或出口商实际会计记录确定被调查产品及其同类产品的成本。二是在协定规定的两类特殊情形之外，还存在其他的情形，如原材料采购领域的"特殊市场情形"。在政府干预导致出口商或生产商采购原材料不能反映正常市场竞争价格时，可以不采用出口商或生产商的实际采购价格[3]。本书认为，美、欧、澳将"特殊市场情形"适用于原材料领域的做法不符合世贸组织反倾销协定，违背了倾销和反倾销的基本理论，造成了反倾销与反补贴规则

---

[1] 对外贸易经济合作部：《世界贸易组织乌拉圭回合多边贸易谈判结果法律文本》，法律出版社 2000 年第 1 版，第 148 页。

[2] 对外贸易经济合作部：《世界贸易组织乌拉圭回合多边贸易谈判结果法律文本》，法律出版社 2000 年第 1 版，第 148 页。

[3] Panel Report, Australia-Anti-Dumping Measures on A4 Copy Paper, WT/DS529/R (4 December 2019), para.7.108.

之间的混淆，也与历史上讨论的所谓"原材料倾销"问题无关。

其一，反倾销第 2.2.1.1 条并没有授权调查机关在原材料采购领域适用"特殊市场情形"规则。一是从条款设置的功能和目的来说。协定第 2.2.1.1 条一开始就明确规定："为第 2 款的目的，成本通常应……"因此需要根据第 2.2 条整体来认识条款设置的功能和目的。协定第 2.2 条规定了结构正常价值时的成本确定，即调查机关应使用"被调查产品同类产品的生产成本"。第 2.2.1 条对低于成本测试进行了规定，即同类产品是否以"低于单位生产成本加管理、销售和一般费用的价格在出口国国内市场销售"。第 2.2.1.1 条进一步规定成本数据来源和成本分摊的规定[①]。由此可见，协定规定的成本是被调查产品及其同类产品的生产成本，这一生产成本会反映在企业主体的销售价格之中。第 2.2.1.1 条所谓的"成本"是建立在企业主体生产被调查产品及其同类产品的基础上的。至于这一生产成本是否体现在被调查产品及其同类产品销售价格之中与企业对成本的处理方法如分摊或摊销有关，而与其所处的外部市场环境和自然禀赋没有关系。

二是关于"通常"的理解。虽然这一规定授予了调查机关背离基本原则的权力，但这种背离并不是没有限制的。专家组和上诉机构在欧盟紧固件案认为，对于协议规定的"通常"的例外情形不是没有限制的（open-ended possibility），调查机关不能任意予以规定，对于一般原则的例外应该有协议明确规定，否则将会损害协议"强制性"

---

①   Art.2.2, Anti-Dumping Agreement.

特征①。本书认为，无论从条款的目的和功能还是对"通常"概念的理解，将"特殊市场情形"扩展至原材料领域是对协议的任意解释，违反了协定第 2.2.1.1 条的规定。

在世贸组织争端解决机制澳大利亚 A4 复印纸案中，澳大利亚和印度尼西亚对反倾销协定第 2.2.1.1 条中的"通常"（Normally）一词有不同的理解。印度尼西亚认为，根据协定要求，如果应诉公司实际成本记录满足了协议要求的两个条件，澳大利亚调查机关应该采用应诉公司实际成本记录②。而澳大利亚则认为由于印度尼西亚涉案产品原材料采购市场存在特殊市场情形，实际会计记录不能反映正常市场竞争。即便印度西亚应诉公司实际会计记录满足了第 2.2.1.1 条的两个条件，也因为其市场存在"非通常"的情况，从而导致调查机关不采信应诉公司实际成本③。对于"通常"的认定能否成为不采信出口商或生产商实际生产成本一个独立的法律理由，本案专家组认为"通常"是对一般原则的例外，调查机关原则上应该采用出口商实际会计记录，但"通常"意味着在特定情形下，调查机关可以背离这一原则。即使出口商和生产商会计记录满足协议的两个条件，调查机关也可以

---

　　①　Appellate Body Report, EUROPEAN COMMUNITIES – DEFINITIVE ANTI-DUMPING MEASURES ON CERTAIN IRON OR STEEL FASTENERS FROM CHINA, WT/DS397/AB/R（15 July 2011），para.320.

　　②　Panel Report, Australia-Anti-Dumping Measures on A4 Copy Paper, WT/DS529/R（4 December 2019），para. 7.108.

　　③　Panel Report, Australia-Anti-Dumping Measures on A4 Copy Paper, WT/DS529/R（4 December 2019），para. 7.108.

拒绝采信其实际会计记录①。事实上，专家组这一观点延续了此前世贸组织争端解决案件中专家组和上诉机构的裁决②。本案专家组进一步分析认为，澳大利亚调查机关虽然可以背离一般原则，但有义务对应诉公司的会计记录是否符合协议规定的两个条件进行分析，即应诉公司记录是否符合公认的会计原则，是否合理反映与被调查的产品有关的生产和销售成本。由于澳大利亚调查机关没有对这两个法定条件作出分析，因此违反了第 2.2.1.1 条的规定。但该案专家组的裁决回避了本案中核心关注，并没有实质性解决问题。对于政府对原材料市场干预能否构成"非正常"，从而背离一般原则这个问题，专家组并没有进一步澄清。

其二，原材料采购市场存在所谓"特殊市场情形"从而导致被调查产品存在"特殊市场情形"的法律逻辑并不恰当。正如第一章基本理论部分笔者所论述的那样，倾销是企业主体的价格歧视行为，反倾销针对企业主体的价格歧视行为。"特殊市场情形"只有影响到价格可比性才构成反倾销协定意义上的"特殊市场情形"。众所周知，生产商在定价时会考虑市场竞争、成本、利润等各种因素，其中也包括意图通过倾销手段占领进口国市场的因素。如果采购的原材料用于生

_____

① Panel Report, Australia-Anti-Dumping Measures on A4 Copy Paper, WT/DS529/R（4 December 2019），para.7.115.

② Appellate Body Report, EUROPEAN UNION – ANTI-DUMPING MEASURES ON BIODIESEL FROM ARGENTINA, WT/DS473/AB/R（6 October 2016），fn 120; Appellate Body Report, Ukraine-Anti-Dumping Measures on Ammonium Nitrate, WT/DS493/AB/R（12 September 2019），para.6.87.

产涉案产品，包括国内市场销售和出口销售。在这种情况下，原材料采购价格高低，原材料采购过程是否受到政府干预的影响，原材料采购市场是否存在"特殊市场情形"等都不会影响到价格的可比性，进而影响到倾销的确定。在澳大利亚 A4 纸案中，印度尼西亚和中国就提出了这样的观点，无论原材料采购市场是否受到政府干预，都会均衡地影响到国内价格和出口价格，这与确定倾销、发现出口商或生产商的定价策略是没有关系的[①]。此外，本书进一步认为，即便原材料采购情况会影响到出口价格和国内销售价格差异，但这种情形也不会影响到价格的可比性。让我们通过一个极端的假定揭示问题的真相。假定生产商或出口商既从国外市场采购原材料，也自国内市场采购原材料。国内原材料采购市场存在政府控制，导致生产商或出口商在国内采购原材料的价格较低。生产商或出口商国内市场采购的原材料用于国内市场销售产品的生产，进口原材料用于出口销售产品的生产。在这种情况下原材料采购会影响到两个市场销售价格差异。生产商或出口商会根据采购成本确定价格，进而导致两个市场涉案产品销售价格存在差异。然而这种差异并不是企业价格歧视造成的，而是企业根据自身的成本需要进行定价产生的，并不存在企业主体"人为压低"国内销售价格，从而掩盖倾销意图的情形。由此可见，美、欧、澳认为的原材料采购市场存在所谓"特殊市场情形"从而导致被调查产品存在"特殊市场情形"的法律逻辑并不恰当。在澳大利亚 A4 纸案

---

① Panel Report, Australia-Anti-Dumping Measures on A4 Copy Paper, WT/DS529/R（4 December 2019）, para. 7.108.

中，澳大利亚调查机关认为印度尼西亚政府干预林业，导致木材价格较低，进而使其纸浆工业受益，纸浆的生产成本显著低于可比市场价格。纸浆是生产 A4 复印纸的主要原材料，进而导致 A4 复印纸的生产商受益。A4 复印纸的国内销售价格显著低于可比市场价格。因此受到印度尼西亚政府的干预，其 A4 纸复印纸国内销售价格受到扭曲。对于该论证逻辑，专家组认为澳大利亚调查机关在案件中仅仅关注政府的干预对国内销售价格的影响，并没有分析政府干预对国内销售价格的影响是否进而影响到国内市场价格与出口价格的可比性，因此违反了协议第 2.2 条①。

其三，将"特殊市场情形"延伸至原材料领域会导致反倾销与反补贴规则的混淆。倾销的本质告诉我们，倾销是企业主体的价格歧视行为，倾销体现了企业的自主性，反倾销目的是纠正这种价格歧视行为对进口国相关产业的不利影响。而补贴是一国政府纠正干预市场的一种政策工具，这种工具可以纠正市场失灵，也可能会对市场资源分配或正常贸易造成扭曲。因此，在多边规则中，并不是所有的政府对市场领域的干预都会被视为违反世贸组织《补贴与反补贴协定》，多边规则约束的是那些政府干预导致扭曲国际贸易的补贴行为②。

笔者并不否定根据世贸组织《反倾销协定》脚注 24 和《补贴与

---

① Panel report, Australia- Anti-Dumping Measures on A4 Copy Paper, WT/DS529/R（4 December 2019），para.7.86-7.89.

② Panel report, Canada-Measures Affecting the Export of Civilian Aircraft, WT/DS70/R（14 April 1999），para.9.119; Panel report, Brazil-Export Financing Program for Aircraft, WT/DS46/R（14 April 1999），para.7.26-7.80.

反补贴措施协定》脚注 56 规定，调查机关可以对同一涉案产品在满足法定条件的情况下同时适用反倾销与反补贴措施①，也不否定在特殊情况下政府补贴会导致或加剧企业价格歧视行为，如出口国政府存在出口补贴行为，企业主体由于政府出口补贴行为而制定更低的出口价格，调查机关据此采取的反倾销措施体现了对特定政府补贴的纠正。笔者也不否定在特殊情况下，出口商由于政府特定补贴而在国内市场制定更低的销售价格，如政府仅对在国内销售的产品的原材料采购行为进行补贴，对出口销售行为不予补贴。然而，这些政府补贴和支持行为并不能改变反倾销和反补贴法律适用的基本要件。倾销是企业主体的价格歧视行为，反倾销是通过价格比较的方式发现倾销，进而在满足其他法律要件的情况下采取反倾销措施。反补贴则是政府给予市场主体出口补贴或专向性财政资助，从而导致特定市场主体获得补贴利益，从而在国际贸易中获得不正当竞争优势。调查机关可以在满足法定要件的基础上根据企业主体获得补贴利益征收反补贴税。由此可见，反倾销与反补贴的目的和功能是不同的。调查机关采取的反倾销措施和反补贴措施只有在满足各自法律要件的基础上才能够实施②。通常情况下，在倾销计算中不需要考虑上游原材料的补贴，这些补贴会平等地反映在国内销售和出口销售中，不会对涉案产品的

---

①　世贸组织《反倾销协定》和《补贴与反补贴措施协定》脚注 34 和 56 均规定："此点无意排除根据 GATT1994 其他有关条款而酌情采取的行动。"

②　Appellate Body Report, UNITED STATES – CONTINUED DUMPING AND SUB-SIDY OFFSET ACT OF 2000, WT/DS217/AB/R（16 January, 2003），para.262.

倾销幅度计算造成影响，正确的路径是适用反补贴方法解决原材料补贴问题，适用反倾销方法解决企业价格歧视问题①。本书认为，即便政府补贴导致企业主体原材料采购成本较低，进而导致在国内市场销售价格低，而出口销售的涉案产品均采用进口原材料，因而销售价格高。在这种情况下，调查机关无法计算出倾销幅度的根本原因是企业并不存在倾销行为，不是因为价格不可比而要调整国内销售价格。如果此类补贴导致企业主体在出口销售中获得了不正当竞争优势，可以通过反补贴调查，在满足反补贴法律要件的情况下采取反补贴措施纠正此类不正当竞争行为。正如专家组在生物柴油案中的观点，根据倾销的基本概念不能任意扩大政府行为造成的扭曲在反倾销中的适用范围②。美、欧、澳将政府对原材料的补贴或干预与反倾销企业主体的价格歧视行为混同，在反倾销中人为提高企业主体自身的原材料实际采购成本，意图纠正补贴造成的所谓不正当优势，这种做法颠覆了倾销与反倾销基本理论，也混淆了反倾销与反补贴的区别。

其四，在成本中主张引入"特殊市场情形"与"原材料倾销"（Input Dumping）问题无关。对于"特殊市场情形"引入到涉案产品成本领域能否解决所谓的"原材料倾销"问题，理论界存在争议，如美国学者 Lindsey 和 Ikeson 认为，在政府干预压低原材料价格时，会导致企

---

① James J. Nedumpara., Weihuan Zhou（Eds），*Non-market Economies in the Global Trading System: The Special Case of China*, Springer Nature Singapore Pte Ltd, 2018, p.113; Sherzod Shadikhodjaev, *How to Pass a Pass-Through Test: the Case of Input Subsidies,* 15（2）J. INT'L ECON. L., 621, 646（2012）；

② Panel report, EU-Biodiesel（Argentina），para.7.240.

业获得不正当优势，从而掩盖其倾销行为，需要对传统的倾销规则进行修正①。Furculita 则认为，人为压低原材料成本会导致不公平竞争，世贸组织规则需要对此进行约束②。但也有一部分学者对此表达了不同的意见，如澳大利亚学者 Weihuan Zhou 和 Percival 在 2016 年发表文章，批驳了澳大利亚特殊市场情形的做法，认为所谓"原材料倾销"与"特殊市场情形"是两个问题，世贸组织没有达成"原材料倾销"规则，澳大利亚调查机关将政府干预原材料市场认定为"特殊市场情形"的做法违反了世贸组织规则，主张只有在政府干预原材料造成对出口价格和正常价值影响程度不同，进而影响了价格可比性的条件下，方可进行调整③。

在反倾销多边谈判历史上，曾有过对"原材料倾销"问题的讨论。"原材料倾销"通常是指出口产品的主要原材料或主要零部件是以倾销或低于成本的价格购得，而无论出口产品是否存在倾销行为。美国在反倾销立法中，也曾考虑规范"原材料倾销"行为，后因为不符合GATT 规则而放弃④。GATT 反倾销专家委员会在 1984 年曾经提出过

----

① Brink Lindsey and Daniel J. Ikenson, *Reforming the Antidumping Agreement: A Road Map for WTO Negotiations*, Trade Policy Analysis No.21, December 11, 2002.

② Cornelia Furculita , *Cost of Production Calculation in EU Anti-Dumping Law: WTO Consistent 'As Such' after EU-Biodiesel*, Global Trade and Customs Journal Vol.12-9, pp.360-366.

③ Zhou W, Percival A., *Debunking the Myth of Particular Market Situation In WTO Antidumping Law*, Journal of International Economic Law, 19（4）, 2016.

④ S. Seetharaman and Sagnik Sinha, *INPUT DUMPING ORIGINATING IN MARKET ECONOMY EXPORTING COUNTRIES,* https://cn.lakshmisri.com/Uploads/MediaTypes/Documents/Input_Dumping_Economy_Exporting_Countries.pdf. 最后访问日期：2020 年 1 月 9 日。

提案，认为在结构正常价值时，如果出口商或生产商从关联企业采购主要原材料或零部件，该采购价格低于正常贸易过程价格，不能涵盖该原材料或零部件全部成本，调查机关可以采用市场上正常贸易过程的价格予以替代。即便如此，委员会也承认该提案会造成实践困难，多边规则并没有原材料倾销行为的规定①。由此可见，一方面，对于出口产品因其"低成本"获得所谓"不正当竞争"优势违背了现行多边规则中关于倾销的定义和反倾销的基本理论，因此未在多边规则中体现。另一方面，历史上规制"原材料倾销"的提案中所表述的低于成本采购行为涉及关联企业交易问题，事实上仍是企业自主行为，其讨论的问题与原材料所处的市场环境并不相关。因此，通过成本"特殊市场情形"无法解决所谓"原材料倾销"问题，而"原材料倾销"问题本身也并不符合多边规则。

第四节　特殊市场情形与成本替代

在 DS516 案件中，美欧等对是否可以在结构正常价值时使用替代成本进行了辩护，认为实践中影响价格可比性的因素很多，成本就是其中之一。在政府干预或存在特殊市场情况时，被调查产品的成本不能反映市场合理价格，调查机关便可以通过替代方法获得正常

---

① Ad hoc Committee on Antidumping Practices , *Draft recommendations concerning Treatment of the Practice Known as Input Dumping*, ADP/W/83/Rev.2, p.2

价值①。2015年，美国制定贸易优惠延长法。新法规定在计算倾销幅度时，为确定生产成本和结构正常价值，如果被调查产品的原材料和制造成本或其他加工成本不能准确反映正常贸易过程中的生产成本，美国商务部可以使用其他计算方法，即使用替代国数据②。2017年12月19日，欧盟的特殊市场情形，包括其反倾销计算新方法，规定当包括原材料成本在内的价格或成本受到政府干预而非自由市场力量支配时，可以被认定为存在特殊市场情形或"市场严重扭曲"，从而使用替代数据结构正常价值③。澳大利亚也是如此，当政府干预对涉案产品价格和成本造成严重影响时，可以通过替代成本数据结构正常价值④。这种方法合规，笔者通过阿根廷诉欧盟的阿根廷生物柴油案进行解读。

一、案件基本事实

2012年8月29日，欧盟对原产于阿根廷生物柴油产品发起反倾销调查；2013年5月28日，欧盟做出肯定性初裁，对阿根廷企业征

① Third Party Submission of the United States, European Union – Measures Related to Price Comparison Methodologies, WT/DS516（Nov.21, 2017），https://ustr.gov/sites/default/files/enforcement/DS/US.3d.Pty.Su.pdf，最后访问日期：2020年2月2日。

② Trade Preferences Extension Act of 2015, Pub. L. No.114-27, 129 Stat.362（2015）（TPEA）.

③ REGULATION（EU）2017/2321 OF THE EUROPEAN PARLIAMENT AND OF THE COUNCIL of 12 December 2017 amending Regulation（EU）2016/1036 on protection against dumped imports from countries not members of the European Union and Regulation（EU）2016/1037 on protection against subsidised imports from countries not members of the European Union.

④ Anti-Dumping Commission: Dumping and Subsidy Manual（April 2017）.

收 6.8%—10.6% 的临时反倾销税；2013 年 11 月 26 日，欧盟发布终裁公告，将最终反倾销税调高至 22%—25.7%。

欧盟的裁决对阿根廷生物柴油企业造成了严重影响①，为此，2013 年 12 月 9 日阿根廷将该案诉诸世贸组织争端解决机制；2014 年 4 月 25 日，世贸组织争端解决机构成立专家组，中国、俄罗斯、印度尼西亚等 11 个世贸成员作为第三方参与其中；2016 年 3 月 29 日，专家组发布裁决报告；2016 年 10 月 6 日，上诉机构发布该案的最终裁决，几乎完全支持了专家组的裁决。

为执行世贸组织裁决，2016 年 12 月 20 日，欧盟针对世贸组织裁决对该案发起复审；2017 年 9 月 18 日，欧盟发布复审裁决，将阿根廷企业倾销幅度降为 4.5%—8.1%②；2018 年 7 月 17 日，欧盟发布公告终止了对阿根廷生物柴油产品的反倾销措施。

原审调查中，欧委会发现阿根廷柴油市场受到政府管制，在这种情况下，国内销售不属于正常贸易过程，不能用于计算正常价值，因

---

① 据阿根廷某产业调查公司发布的消息，欧盟该措施造成 2013 年 1—8 月阿根廷生物柴油产量下降近 40%，出口至欧盟市场的数额占出口总额的百分比从 2012 年的 90% 锐减至 65%，2013 年阿根廷生物柴油产业由此造成的损失预估为 10 亿美元。参见唐汉荣《"阿根廷诉欧盟生物柴油反倾销措施案"评析》，西南政法大学 2017 年硕士论文，第 65 页。

② 参见欧盟对阿根廷生物柴油反倾销案复审裁决 COMMISSION IMPLEMENTING REGULATION（EU）2017/1578- of 18 September 2017- amending Implementing Regulation（EU）No.1194/ 2013 imposing a definitive anti-dumping duty and collecting definitively the provisional duty imposed on imports of biodiesel originating in Argentina and Indonesia，https://eur-lex.europa.eu/legal-content/EN/TXT/PDF/?uri=CELEX:32017R1578&from=EN，最后访问日期：2020 年 4 月 1 日。

此决定结构正常价值。同时，欧盟国内产业指控阿根廷政府对生物柴油的原材料大豆及其成品实施差别税率（DET）制度，即对大豆、大豆油征收出口税且该税高于最终产品的出口税率。这一制度压低了阿根廷国内大豆和大豆油的价格，扭曲了生物柴油生产者的成本。因此不能使用阿根廷生产企业的大豆成本计算正常价值。欧盟调查机关在初裁中并没有接受国内产业的主张，使用了阿根廷生产企业实际生产记录中的采购大豆的成本，据此计算出了 6.8%—10.6% 的倾销幅度①。

　　然而在终裁中，欧盟调查机关改变了初裁做法，接受了其国内产业的主张。调查机关认为，DET 制度显著压低了阿根廷国内大豆和大豆油的价格，影响了阿根廷柴油生产商的成本。调查机关发现，阿根廷一方面出口税的税基以国际市场价格为指导价，其农业与渔业部每天公布大豆和大豆油的 FOB 价格作为指导价。另一方面阿根廷国内市场价格反映了本国市场条件，也随着国际市场价格的变化而变化。因此，调查机关认为国际市场价格和国内价格差异是出口税和出口中发生的相关费用而导致的。换句话说，阿根廷国内大豆和大豆油价格虽然是国内市场的供求关系决定的，但本质上等于国际价格减去出口相关费用和出口税。因此，欧盟调查机关得出结论，阿根廷生物

---

① 参见欧盟对阿根廷生物柴油反倾销案初裁，Commission Regulation（EU）No. 490/2013 of 27 May 2013 imposing a provisional anti-dumping duty on imports of biodiesel originating in Argentina and Indonesia，https://eur-lex.europa.eu/LexUriServ/LexUriServ.do?uri=OJ:L:2013:141:0006:0025:EN:PDF，最后访问日期：2020 年 3 月 21 日。

柴油生产企业的主要原材料成本受到 DET 制度影响，低于国际市场价格。据此，调查机关认为阿根廷生产者实际会计记录不能合理反映与被调查产品有关的生产和销售成本，并据此修改了初裁时的计算方法，在计算大豆原材料成本时，将阿根廷农业部公布的出口 FOB 价格减去 FOB 运输时发生的相关费用作为应诉企业的大豆原材料成本，因为该价格未受出口税制度影响。在此基础上终裁计算出的倾销幅度为 41.9%—49.2%①。

二、世贸诉讼的核心争议点分析

本案涉及的法条主要包括世贸组织《反倾销协定》第 2.2 条和第 2.2.1.1 条，以及欧盟《反倾销基本条例》第 2.5 条。核心争议点有三。

争议一：对《反倾销协定》第 2.2.1.1 条的理解。

世贸组织《反倾销协定》2.2.1.1 条规定："就第 2 款而言，成本通常应以被调查的出口商或生产者保存的记录为基础进行计算，只要此类记录符合出口国的公认会计原则并合理反映与被调查产品有关的生产和销售成本。"②

欧盟认为该条款中成本本身必须是合理的，而本案中阿根廷国内大豆价格因出口税而低于国际价格，因此被调查生产商的记录未合理

---

① 参见欧盟对阿根廷生物柴油反倾销案终裁，Council Implementing Regulation（EU）No.1194/2013 of 19 November 2013 imposing a definitive anti-dumping duty and collecting definitively the provisional duty imposed on imports of biodiesel originating in Argentina and Indonesia，https://eur-lex.europa.eu/LexUriServ/LexUriServ.do?uri=OJ:L:2013:315:0002:0026:EN:PDF，最后访问日期：2020 年 3 月 21 日。

② 对外贸易经济合作部：《世界贸易组织乌拉圭回合多边贸易谈判结果法律文本》，法律出版社 2000 年版，第 148 页。

反映与生产和销售生物柴油有关的大豆成本。

在美国在实践中也坚持认为不需要考察生产商具体采购行为是否符合正当贸易过程，而应该考察原材料销售的市场是否被扭曲，任何采购行为不是在真空状态，而是市场发生的行为，如果整个市场被扭曲，则有理由相信该采购行为不能合理反映生产商的真实成本①。

专家组和上诉机构均未认同欧盟的主张。专家组认为该句中的成本应为被调查企业发生的实际成本。上诉机构也指出，该条款要求调查机关使用原产国成本，而不能以与原产国生产成本无关的基准来评判被调查企业相关记录所报告的成本②。上诉机构强调，该句中的"合理"修饰的是"反映"一词，而非"成本"，只要成本与特定反倾销调查中的被调查产品具有真实关联，对于成本不存在额外的或抽象的"合理性"标准，调查机关并不享有无限的裁量权主观地确立并适用一个"合理"基准来评判某生产商或出口商记录中的成本是否合理③。

在该争议点上，上诉机构的裁决观点强调了第 2.2.1.1 条中的成本指的是被调查企业发生的，与特定被调查产品的生产和销售具有真

---

① Welded Carbon Steel Standard Pipes and Tubes from India: Issues and Decision Memorandum for the Final Results of Antidumping Duty Administrative Review（2017/18），p.29.https://enforcement.trade.gov/frn/summary/india/2019-15074-1.pdf, 最后访问日期：2020 年 3 月 27 日。

② Report of the Appellate Body, EUROPEAN UNION – ANTI-DUMPING MEASURES ON BIODIESEL FROM ARGENTINA, WT/DS473/AB/R, para.6.23.

③ 李彦彦：《欧委会反倾销法新提案与 WTO 规则的一致性分析》，载《国际经济法学刊》2018 年第 1 期。

实关联性的成本，且只要被调查企业保存的记录合理反映了这一成本同时又符合一般公认会计准则，调查机关就应当使用该记录确定被调查企业的生产成本。

争议二：对《反倾销协定》第 2.2 条的理解。

世贸组织《反倾销协定》2.2 条规定：在结构正常价值时候，可以"通过比较原产国的生产成本加合理金额的管理、销售和一般费用及利润确定"①。

欧盟主张"原产国生产成本"应为不存在扭曲时原产国境内应当存在的成本（cost that would have existed）②。上诉机构对此并未明确回应，但给出了对"原产国生产成本"的解释，即在原产国生产某物所支付或者需要支付的价格③，但该条未排除调查机关从原产国以外的来源寻求信息的可能性，如用原产国以外的证据来分析或核对被调查企业保存的记录所含的信息④。但与成本有关的证据不同于成本本身⑤，"原产国生产成本"一语要求，无论使用何种信息或证据，该信息或证据必须能够得出原产国境内的生产成本，为此来源于原产国

---

① 对外贸易经济合作部：《世界贸易组织乌拉圭回合多边贸易谈判结果法律文本》，法律出版社 2000 年版，第 147 页。

② Report of the Appellate Body, EUROPEAN UNION – ANTI-DUMPING MEA-SURES ON BIODIESEL FROM ARGENTINA, WT/DS473/AB/R, para.6.79

③ Report of the Appellate Body, EUROPEAN UNION – ANTI-DUMPING MEA-SURES ON BIODIESEL FROM ARGENTINA, WT/DS473/AB/R, para.6.69.

④ Report of the Appellate Body, EUROPEAN UNION – ANTI-DUMPING MEA-SURES ON BIODIESEL FROM ARGENTINA, WT/DS473/AB/R, para.6.71.

⑤ Report of the Appellate Body, EUROPEAN UNION – ANTI-DUMPING MEA-SURES ON BIODIESEL FROM ARGENTINA, WT/DS473/AB/R, para.6.72.

以外的信息或证据（下称"外部信息"）可能需要被调整以确保所得出的是原产国的生产成本①。

　　本案中，欧盟调查机关使用的参考价格系由阿根廷农业部公布这一事实并不能说明该价格是阿根廷的国内价格，而事实上，其选择该价格的原因恰恰是该价格不反映阿根廷国内的大豆成本。因此，上诉机构裁定欧盟调查机关在使用该参考价格时未调整该价格以使其反映阿根廷境内的生产成本，故而违反了第2.2条②。

　　在该争议点上，专家组和上诉机构的解释基本相同，均认为该条未禁止调查机关使用"外部信息"，但上诉机构更加强调调查机关有义务调整这些信息以确保其反映原产国成本。虽然上诉机构并未明确说明或者限定如何进行调整的方法，但强调了调整的结果，同时也指出调查机关有义务在公开报告中解释从其所使用的信息或证据是如何得出原产国生产成本的③。另外，上诉机构对使用"外部信息"做非常的理解比较宽泛，例如将调查机关在采用被调查企业记录的前提下使用外部信息来核对被调查企业的记录也视为使用"外部信息"④。这样的解释给日后各成员使用"外部信息"留下了空间。

---

　　① Report of the Appellate Body, EUROPEAN UNION – ANTI-DUMPING MEASURES ON BIODIESEL FROM ARGENTINA, WT/DS473/AB/R, para.6.70.

　　② Report of the Appellate Body, EUROPEAN UNION – ANTI-DUMPING MEASURES ON BIODIESEL FROM ARGENTINA, WT/DS473/AB/R, para.6.81.

　　③ Report of the Appellate Body, EUROPEAN UNION – ANTI-DUMPING MEASURES ON BIODIESEL FROM ARGENTINA, WT/DS473/AB/R, note:231.

　　④ Report of the Appellate Body, EUROPEAN UNION – ANTI-DUMPING MEASURES ON BIODIESEL FROM ARGENTINA, WT/DS473/AB/R, para.6.71.

争议三：欧盟《反倾销基本条例》第 2.5 条的合规性。

欧盟《反倾销基本条例》第 2.5 条包含两句话：第一句话与世贸组织《反倾销协定》第 2.2.1.1 条的第一句话相同，即成本通常应以被调查的出口商或生产者保存的记录为基础进行计算，只要此类记录符合出口国的公认会计原则并合理反映与被调查的产品有关的生产和销售成本①。第二句话则规定了如果与被调查的产品有关的生产和销售成本不能合理反映被调查国出口商或生产商的记录，则应根据在同一成员国内其他生产商或出口商的成本进行确定。在上述信息不可用的情况下，则应根据其他合理方法确定，包括使用其他有代表性的市场价格确定。而世贸组织《反倾销协定》对此没有规定。

阿根廷从立法史、"一致性实践"和欧盟法院判决等方面论述，主张欧盟《反倾销基本条例》第 2.5 条违反了世贸组织规则。对此，专家组和上诉机构均未予支持。上诉机构对欧盟《反倾销基本条例》第 2.5 条的含义进行了解释，指出该段列出了可以用来调整或确立成本的若干选项，且这些选项之间具有先后顺序，即优先使用原产国内其他出口商或生产商的成本，仅当这些"信息"不可获得或者不可用时，才可以依赖其他合理基础，包括使用其他代表性市场的"信息"②。因此，该条款并未阻止调查机关在使用"外部信息"时，

---

① 对外贸易经济合作部：《世界贸易组织乌拉圭回合多边贸易谈判结果法律文本》，法律出版社 2000 年版，第 148 页。

② Report of the Appellate Body, EUROPEAN UNION – ANTI-DUMPING MEASURES ON BIODIESEL FROM ARGENTINA, WT/DS473/AB/R, para.6.237-6.238.

对这些信息进行调整以使其反映原产国的生产成本。而《反倾销协定》第 2.2 条并未限定用来确立原产国生产成本的信息来源，只是要求所用的信息必须能够得出原产国的生产成本。综上，上诉机构认为，欧盟《反倾销基本条例》第 2.5 条第二段没有在实质上（in a material way）限制调查机关以与第 2.2 条相符的方式构造生产成本的裁量权①。

总之，本案的核心是结构正常价值时被调查企业成本能否替代及如何替代的问题，它涉及反倾销调查倾销幅度计算的核心，其裁决对今后各成员在反倾销调查中的做法有着深远影响，因此受到各成员调查机关和学界的广泛关注。美欧认为，世贸组织反倾销协议 2.2.1.1 条规定成本通常应以被调查的出口商保存的记录为基础进行计算。该句话使用了"通常"的表述，同时规定了两种例外情况。该两种例外不是穷尽的，还包括其他特殊情形。一旦由于政府干预导致成本价格不反映正常市场价值，则会导致出口商成本数据不真实和不合理，在此情况下，调查机关可以直接使用替代数据结构正常价值②。

上述机构最终裁定，第一，从字面意义和反倾销协议目的来看，《反倾销协议》2.2 条规定在结构正常价值时必须是"原产国"生产成本，2.2.1.1 条中的"合理反映成本"指的是特定生产商或出口商的会计记

---

① Report of the Appellate Body, EUROPEAN UNION – ANTI-DUMPING MEASURES ON BIODIESEL FROM ARGENTINA, WT/DS473/AB/R, para.6.281.

② 白明《替代国做法不是世贸组织反倾销规则的一般方法》，载《人民论坛·学术前沿》，2019 年 2 月 9 日。

录是否合适和充分（suitably and sufficiently）反映了特定被调查产品的生产和销售发生的成本。该成本必须指向（lead to）2.2 条所指的"原产国成本"。上诉机构进一步指出，2.2.1.1 条中"合理地"一词是限定动词"反映"（而不是成本）的副词。对于成本不存在额外的或抽象的"合理性"标准，只要成本与特定反倾销调查中的被调查产品具有真实关联，调查机关不享有广泛的自由裁量权主观确立并适用一个"合理性"基准来评判某生产商或出口商记录中的成本是否不合理①。

第二，上诉机构同时认为，虽然《反倾销协议》2.2 条和 2.2.1.1 条未限制使用原产国外部信息得到原产国的生产成本，但如果使用外部信息来计算原产国的成本，调查机关必须对该信息进行调整并保证该信息能够还原到原产国成本②。

由此可见，世贸组织关于被调查产品成本的确定也是严格和明确的，不存在协议没有提及的其他例外情形，如政府干预等，更不允许直接援引第三国替代数据。因此美欧所谓的因原产国成本受到政府干预，就认定该成本不合理，并予以替代的做法与世贸组织规则和上诉机构裁定并不一致③。

---

① 白明《替代国做法不是世贸组织反倾销规则的一般方法》，载《人民论坛·学术前沿》，2019 年 2 月 9 日。

② Appellate Body Report, United States-Definitive Anti-Dumping and Duties on Certain Products from China, WT/DS379/AB/R. para.6.17-6.39.

③ 白明：《替代国做法不是世贸组织反倾销规则的一般方法》，载《人民论坛·学术前沿》，2019 年 2 月 9 日。

第五节　特殊市场情形与双重救济

双重救济（Double Remedies）也可指双重计算（double Counting），即对同一产品同时实施反倾销和反补贴措施时可能会出现对倾销和补贴造成的相同的情况重复救济情形[①]。从倾销和补贴角度来看，倾销解决的国际贸易领域的价格歧视行为，而补贴则是解决一成员方扭曲国际贸易竞争的政府补贴行为。从反倾销和反补贴角度来看，进口国都要考虑倾销行为与补贴行为对国内产业造成的影响，特别是通过采取相应的措施，维护国内产业的权益。而这种措施通常体现为反倾销税或反补贴税的形式，从而使涉案产品价格恢复至所谓公平竞争的水平。一般情况下，反倾销税根据倾销幅度决定，反补贴税根据出口商从政府补贴行为受益金额确定。一项国内可诉性补贴原则上会同等程度上影响生产商或出口商国内销售和出口销售。因补贴而造成的"低价"行为不会对倾销幅度计算产生影响。在这种情况下，调查机关同时实施反倾销税和反补贴税，不会对同一情形产生双重救济。然而，无论是倾销行为和政府补贴行为，对于出口商来说，都会反映在涉案产品的价格上。也就是说，倾销与补贴行为均会造成出口商"低价"销售涉案产品，在同时被采取措施的情况下，也就有可能造成双重救济的情形。

一种情况是倾销与出口补贴并存时出现的双重救济。在早期重商

[①]　Appellate Body Report, United States-Definitive Anti-Dumping and Duties on Certain Products from China, WT/DS379/AB/R, para.541.

主义时代，出口补贴是倾销发生的主要原因。出口国对其出口商出口行为的补贴效果会直接体现在出口商的出口价格上，依据这一价格与国内销售价格比较而计算出来的倾销幅度，包含了政府出口补贴对价格的影响，即出口补贴会增加价格歧视的程度，如果再对出口补贴行为征收反补贴税，就会造成双重救济。据此，1947 年《关税与贸易总协定》第 6.5 条规定："不得同时征收反倾销税和反补贴税以补偿倾销或出口补贴所造成的相同的情况。"① 在实践中，如果进口成员对一涉案产品同时发起反倾销反补贴调查（简称"双反调查"）时，调查机关会在最终裁决时做技术性处理，将出口补贴率从反倾销税中扣除，以避免双重救济。

另一种情形是反倾销替代国做法与国内专向性补贴并存时出现的双重救济。在通常情况下，出口商涉案产品如从出口国政府的可诉性补贴获益，该补贴会对涉案产品的销售造成影响。这种影响并不区分销售目的地，即国内销售和出口销售均会受益。因此，在针对同一产品发起反倾销调查并计算倾销幅度时，出口国政府提供的可诉性补贴不会影响价格的公平比较。然而，如果调查机关对来自"非市场经济国家"的产品同时发起反倾销和反补贴调查，在计算倾销幅度时，调查机关使用替代成本结构正常价值或者直接依据第三国价格确定正常价值。在此情况下，事实上导致该出口商正常价值处在了一个未受补贴的情形。用该假定的未受补贴的正常价值与受到补贴影响的出口价

---

① 对外贸易经济合作部：《世界贸易组织乌拉圭回合多边贸易谈判结果法律文本》，法律出版社 2000 年版，第 147 页。

格进行比较，确定的倾销幅度，并据此征收反倾销税。该反倾销税在一定程度上是对因补贴而导致出口价格降低的行为的"救济"。如果再对该出口商接受这一补贴征收反补贴税，就会出现双重救济情形。对于这一情况，在中国诉美国部分产品反倾销反补贴税案中（DS379）中，上诉机构支持中方主张，认为美方对中国反倾销调查中使用替代国方法计算倾销幅度，而同时再对自中国进口的相同产品征收反补贴税，会导致双重救济情形的出现①。

　　在上述两种情形之外，笔者认为，特殊市场情形也会导致双重救济出现。如果调查机关未做相应的调整，也会违反世贸组织规则。在实践中已有应诉公司提出这一主张。在美国对阿根廷生物柴油双反案中，应诉公司抗辩认为，美国机关基于阿根廷实施大豆出口税制度而认定国内生产商采购原材料的价格低于所谓"正常市场价格"，在反倾销中结构正常价值时，采用国际市场价格提高了生产商实际采购成本。而在同时开启的反补贴调查中，以同样的理由认定阿根廷政府为生物柴油生产商低于充分补偿的价格提供原材料，从而计算出补贴幅度，征收反补贴税。因此对同一事由构成了双重救济②。美国调查机关在本案则认为：反倾销与反补贴是两类不同的调查，二者使用的证据记录（record）是不同的。调查机关在认定特殊市场情形导致被调

---

　　①　Appellate Body Report, United States-Definitive Anti-Dumping and Duties on Certain Products from China, WT/DS379/AB/R. para.s 538-610.

　　②　Issues and Decision Memorandum for the Final Affirmative Determination in the Antidumping Duty Investigation of Biodiesel from Argentina, Comment 3, pp.23-25.https://enforcement.trade.gov/frn/summary/argentina/2018-04137-1.pdf, 最后访问日期：2020 年 3 月 24 日。

查产品成本不能反映正常贸易过程中成本时，可以采用任何其他的计算方法。因此，法律授权调查机关对特殊市场情形的成本进行调整。这是一个因新法规的实施而引起的新情况，如果限制调查机关对特殊市场情形的成本调整的权力则会限制特殊市场条款的使用，因此美国调查机关不接受应诉公司的主张，不予调整①。美国调查机关上述论述与美国在 DS379 案中抗辩逻辑一致，而这种抗辩逻辑在 DS379 案已经被上诉机构所否决。

一是从规则角度来说，虽然反倾销与反补贴是两个不同的调查程序，适用不同的法律与规则。然而从救济措施角度来说，两者适用的对象和救济效果角度是相同的，均提高了出口商或生产商出口涉案产品的关税，目的是通过征收反倾销和反补贴税救济同一个国内产业。在"双反"调查中，反倾销与反补贴调查不能割裂对待。世贸组织《反倾销协定》9.2 条要求调查机关对任何产品应在非歧视基础上收取适当金额的反倾销税。同样《补贴与反补贴协定》第 19.3 条要求调查机关对任何产品应在非歧视基础上收取适当金额的反补贴税。如果同一补贴项目既在计算倾销幅度时予以考虑，又被征收了反补贴税，就会构成双重救济，从而违反了《反倾销协定》9.2 条和《补贴与反补贴协定》第 19.3 条"适当性"要求②。

---

① Issues and Decision Memorandum for the Final Affirmative Determination in the Antidumping Duty Investigation of Biodiesel from Argentina, p.27, https://enforcement.trade.gov/frn/summary/argentina/2018-04137-1.pdf, 最后访问日期：2020 年 3 月 23 日。

② Appellate Body Report, United States-Definitive Anti-Dumping and Duties on Certain Products from China, WT/DS379/AB/R, para.582.

二是从实践角度来看，在特殊市场情形案件中，美国、欧盟和澳大利亚不约而同地使用了未受补贴的替代数据替代了涉案产品主要原材料的采购价格，并据此结构正常价值，计算倾销幅度。而在反补贴中调查中如果存在相同低价提供原材料项目，并据此征收反补贴税。此类情况与前述反倾销替代国做法与国内专向性补贴并存时出现的双重救济情形类似。正如上诉机构在 DS379 案中裁决中所认为的那样，在"双反"案中，双重救济情形既可能在对非市场经济国家调查使用替代国方法计算倾销幅度时发生，也可能在对市场经济国家发起反倾销调查时使用一个未受补贴的、结构的或第三国数据计算正常价值时出现。如果对市场经济国家发起反倾销调查时依据该国国内销售数据计算正常价值，则不会发生双重救济情形①。由此可见，美、欧、澳的特殊市场情形调查方法会导致双重救济情形，并违反世贸组织规则。

综上分析，可以得出这样的结论，一是根据世贸组织的一般规则，成员方需要遵循严格价格比较的方法，特殊市场情形规则不允许成员方使用替代方的方法。二是特殊市场情形规则没有为成本替代提供法定依据。然而，需要清醒地看到，世贸组织规则和上诉机构裁决在一定程度上能够约束成员方对规则的滥用，但如果以此作为唯一约束手段则是不够的。正如美国调查机关在其对阿根廷生物柴油反倾销案中所论述的那样，调查机关不否定其适用特殊市场情形对涉案产品

---

① Appellate Body Report, United States-Definitive Anti-Dumping and Duties on Certain Products from China, WT/DS379/AB/R, para.543 and note.519.

主要原材料进行调整的方法违反了世贸组织上诉机构裁决，但认为世贸组织的裁决不能代替美国的法律，争端解决专家组不能改变或要求（order）美国改变法律，因此，应诉公司据此进行的抗辩主张与本案无关①。这充分体现了美国当前调查机关单边主义的色彩。据此，笔者认为，防止特殊市场情形规则的滥用，需要在对其进行再定位再认识的基础上，深刻认识到特殊市场情形对中国的影响，并采用综合应对策略。

---

① Issues and Decision Memorandum for the Final Affirmative Determination in the Antidumping Duty Investigation of Biodiesel from Argentina, p.23, https://enforcement.trade.gov/frn/summary/argentina/2018-04137-1.pdf, 最后访问日期：2020 年 3 月 23 日。

第六章
特殊市场情形规则对中国的影响及
应对策略

第一节　特殊市场情形规则对中国的影响

特殊市场情形规则经过美、欧、澳等世贸成员的改造,其含义和适用范围已经大大超出了订立这一规则的初衷。美、欧、澳修改规则的目的就是通过特殊市场情形在反倾销调查中为中国制定一套特殊的调查方式,以解决其对中国所谓不公平竞争或不公平贸易的关注。

一、继续对中国歧视性地使用替代的方法计算倾销幅度

"替代国"做法在我加入世贸组织前已经存在,我在加入谈判中经过艰苦努力,在《中国加入世贸组织协定书》第15条中确立了"替代国日落条款"。然而,该条款到期后并未"日落",很多成员仍然继续对中国使用替代方法计算倾销幅度。

第一种情形是如美国、印度、日本等国家继续认定我为非市场经济国家,并使用替代国方法计算我出口产品正常价值。在该条款到期前,美国明确表示中国入世议定书第15条中反倾销调查中使用"替代国"做法是针对非市场经济体,对市场经济体不适用,但议定书并

未要求美国在 2016 年底承认中国市场经济地位，中国只有根据美国国内法规定的 6 条标准证明自己是市场经济体，美国才能给予中国企业在反倾销调查中市场经济地位。议定书到期后，美国没有改变"替代国"做法，即使中国就此诉诸世贸组织并获得胜诉，美国也无法执行，除非美国国会修改国内法。据此，2017 年 3 月 28 日，美国商务部对我铝箔产品发起反倾销调查，这是美国在第 15 条部分条款失效后对我发起的第一起反倾销调查。同年 3 月 29 日，美国商务部启动专门调查程序，以决定是否应继续将中国视为"非市场经济国家"。同年 10 月 27 日，美国商务部公布了长达 205 页的调查报告，认定中国不是"市场经济国家"[①]。同年 11 月 13 日，美国贸易代表办公室向世贸组织提交报告，认为《1994 年关税与贸易总协定》（GATT1994）第 6 条为美国使用"替代国"做法提供了国际法依据，为其不合理做法进行辩护[②]。美国发布的两个报告互为补充，表明其不会改变对华反倾销调查中的"替代国"做法。从结果来看，据学者统计，在 1980 年至 2004 年，美国对中国适用的全国统一税率平均为 98%，而其他所谓"市场经济体"公司税率平均仅为 37%[③]。自 2017 年铝箔案

---

① Memorandum from Leah Wils-Owens, to Gary Taverman, China's Status as a Non-Market Economy（U.S. Dep't Com., Oct.26, 2017），https://enforcement.trade.gov/download/prc-nmestatus/prc-nme-review-final-103017.pdf，最后访问日期：2019 年 12 月 20 日。

② Third Party Submission of the United States, European Union – Measures Related to Price Comparison Methodologies WTO Doc. WT/DS516/l,（Nov.21, 2017），https://ustr.gov/sites/default/files/enforcement/DS/US.3d.Pty.Su.pdf，最后访问日期：2019 年 12 月 20 日。

③ Ka Weng et. al., *U.S. anti-dumping actions against China: the impact of China's entry into the World Trade Organization*, 562 REV. INT'L POL. ECON, 567（2010）.

以来，美对我国发起的反倾销案件均使用替代方法，并裁出了高额的反倾销税率，最高税率甚至高达1732%[①]。这样的倾销幅度已远远超出一个正常企业可能采取的商业行为。

第二种情形是如巴西等国家，在参照美国实践经验的基础上，认为第15条a（ii）条款到期，但15a和15a（i）条款仍然有效，只是举证责任发生变化，如果调查机关有充分证据证明中国部分产业仍存在特殊市场状况的情况，仍然可以使用"替代国"方法计算倾销幅度。2018年7月16日，巴西调查机关发布公告，对中国的平轧硅钢启动反倾销日落复审调查，2019年3月15日，巴西调查机关发布技术报告，拟定中国钢铁产业为非市场经济情况，继续适用替代国计算正常价值，其理由是，金融危机后中国钢铁产业是世界产能过剩的重大诱因，中国钢铁企业比其他国家钢铁企业利润率低，负债率高，存在各级政府直接或间接的干预，依据巴西反倾销法和议定书第15条（a）款，巴西得出结论，中国钢铁行业不存在市场经济情况，不依据中国国内价格和成本计算倾销幅度。并在报告中强调议定书第15条中只有a（ii）失效，（a）款仍然有效[②]。

第三种情形是欧盟既不承认我市场经济地位，又在特殊市场情形

---

① 《美国对华床垫作出反倾销终裁》，载于中国贸易救济信息网2019年10月22日，http://cacs.mofcom.gov.cn/cacscms/case/ckys?caseId=53d8a6e265fb25dc016661c0d2881178，最后访问日期：2020年1月20日。

② Nota Técnica DECOM acerca do tratamento a ser conferido aos produtores/exportadores chineses, nesteprocesso específico, para. fins de determinação dedumping, http://www.in.gov.br/en/web/dou/-/portaria-n-495-de-12-de-juldo-de-2019-192160720，最后访问日期：2020年2月10日。

的基础上延伸出"严重市场扭曲"的概念，继续对中国使用替代的方法计算倾销幅度。正如欧盟对外宣称的那样，创设了所谓"严重市场扭曲"条款，目的就是可以直接对中国产业使用"替代国"方法，从而达到与立法之前相同的保护水平 ①。

第四种情形是如澳大利亚等国家，一方面承认我市场经济地位的成员，另一方面通过修改完善特殊市场情形立法，为其继续对中国使用替代做法提供法定依据。

从上述四种情况看，只有美国将特殊市场情形与非市场经济国家进行了区分，对市场经济国家（如韩国）适用特殊市场情形条款，对非市场经济国家（如中国）适用非市场经济条款。其他世贸成员均或多或少将特殊市场情形与非市场经济条件混为一谈，将非市场经济条件视为一种特殊市场情形，并适用替代方法计算倾销幅度。这也是多数成员对中国进行反倾销调查时采用的方法。这些成员之所以要千方百计将中国市场定义为特殊市场情形，原因很简单，就是要为继续使用"替代"方法维持对中国企业的高反倾销税寻找法律依据。

二、通过对中国发展模式的调查动摇了反倾销规则的根基

近年来，美、欧、澳等世贸成员对中国反倾销调查补贴化趋势明显，一些在反补贴调查中被认定的项目成为中国市场特殊的证据，而在反倾销调查中对中国特殊市场情形或市场严重扭曲的认定进一步强

①　European Council Press Release IP231/17, Anti-Dumping Methodology: Council Agrees Negotiating Position（May 3, 2017）.

化了对华反补贴调查的"正当性"。在这其中，特殊市场情形规则起到了桥梁的作用，将反倾销、反补贴联系在一起。

同时，特殊市场情形规则也存在着多边化的趋势，形成了个案与规则、双边与多边的呼应。一方面，在双边领域，欧盟、澳大利亚对中国的反倾销调查认定中国政府通过制定5年规划，以及各级政府落实规划的方式广泛控制经济；中国政府对能源、原材料、土地、资金成本等基础投入产品提供大量补贴，以扶持钢铁、造纸、玻璃和汽车零部件等相关产业及出口，造成部分行业严重产能过剩，扭曲了市场竞争，存在特殊市场状况。另一方面，欧美等利用多双边舞台指责中国存在产能过剩、国有企业、补贴等问题，给中国贴上所谓的"扭曲国际市场"的标签，积极通过世贸组织改革和多边规则谈判，制定限制中国竞争优势的规则。

2018年10月1日，美国、墨西哥和加拿大宣布达成自贸协定性质的美墨加协定。协定第32章第10条规定，对于美墨加任何一方依据本国贸易救济法认定为"非市场经济"且三方与之均无自贸协议的国家，美墨加任何一方若与该国开展自贸协定谈判，应在启动谈判前通知其他两方并提供谈判目标等信息，若与该国签署自贸协定，应在签署前项其他两方提供协议文本，且其他两方有权终止美墨加协定，并就其与该方的优惠安排重新进行双边谈判①。该条款实质是美国以经济影响力为武器，制约其他国家与中国商签自贸区的主导权。如果

---

① 管健《WTO改革综述之二：市场经济地位问题》，载《国际贸易法评论》公众号2020年4月5日。

美国在以后与欧盟、日本等其他国家和成员的协定中也加入类似条款，对中国影响将更大。

综上，美、欧、澳在特殊市场情形规则上的突破已经开始动摇国际反倾销规则的根基。在本书第二章中，笔者已经阐述了倾销的本质是企业的价格歧视行为，反倾销的目的是揭示出这种歧视并计算出相应的幅度。而美、欧、澳现行的特殊市场情形已经将反倾销调查从对企业的调查延伸至对产业乃至整个国家经济体制的调查，又将《补贴与反补贴协定》规制的问题纳入到反倾销调查中，这些做法将对未来的多边规则谈判产生重要影响，甚至颠覆现有的规则原则。

三、在对其他成员反倾销调查中引入中国因素

2017 年美国对韩国输油管（OCTG）反倾销案中，在分析韩国国内钢铁市场是否存在特殊市场情形时，认为中国钢铁产品存在严重的产能过剩，并大量涌入韩国钢铁市场，压低了韩国国内钢铁价格，是韩国国内钢铁市场存在特殊市场情形的重要因素[1]。本案以后，美国对韩国、泰国、印度等连续 9 起案件反倾销调查中采用了类似的分析逻辑。在对印度的焊接碳钢标准管反倾销案中，美国商务部进一步认为，印度从中国进口大量钢铁，印度政府没有消除（dispel）中国钢铁对其市场以及价格的影响，并将该因素作为认定印度钢铁市场存在

---

① Issues and Decision Memorandum for the Final Results of the 2014-2015 Administrative Review of the Antidumping Duty Order on Certain Oil Country Tubular Goods from the Republic of Korea, pp.30-44.

特殊市场情形的因素①。美国做法意图明显，也很有示范意义，就是将中国特有的"非市场导向政策"推向所有世贸成员的对立面，认为中国政策和产品是扰乱国际市场重要因素，迫使其他成员对中国发起贸易救济调查。值得注意的是，近年来，中国全力推进"一带一路"建设，推动"互联互通"。由于中国人力生产成本上升，基于产业发展规律，中国的加工产业开始向成本更低的"一带一路"沿线国家转移，主要是东南亚和南亚等国，转移的产业也主要为低附加值的劳动密集型制造业，尤其是加工制造环节②。这些转移的产业从中国采购原材料，加工后销售其他市场，并逐步形成稳定的产业链和供应链。在对其他成员反倾销调查中引入中国因素，可以限制自中国进口的原材料，影响产业链和供应链，并进而制约中国"一带一路"建设和互联互通政策。

四、根源：中国的竞争优势

中国加入世界贸易组织以来取得的成就举世瞩目。"中国制造"强劲的竞争力也让很多西方国家心生忌惮。特别是 2008 年金融危机以来，西方国家经济复苏乏力与中国经济增长的一枝独秀形成鲜明对比。面对这样的落差，西方国家将其归咎于中国的不公平竞争。哈佛

---

① Welded Carbon Steel Standard Pipes and Tubes from India: Issues and Decision Memorandum for the Final Results of Antidumping Duty Administrative Review, 2017/18, p.23, https://enforcement.trade.gov/frn/summary/india/2019-15074-1.pdf，最后访问日期：2020 年 3 月 27 日。

② 《宏观经济：中国产业变迁，以纺织服装业为例，劳动密集型制造业转移与产业集聚》，载新浪财经 2019 年 6 月 17 日，http://vip.stock.finance.sina.com.cn/q/go.php/vReport_Show/kind/macro/rptid/46160558/index.phtml。

大学肯尼迪政府学院国际政治经济学学者丹尼·罗德里克在其著作《贸易的真相》中承认了市场经济形式的多样性，认为"市场经济可以包容种类繁多的制度可能性"①，但他也指出，"在世界贸易组织体系下关注劳工、环境标准或人权问题，会诱发贸易保护主义进而导致贸易大滑坡。……在经济、社会和政治模式截然不同的国家之间开展贸易，确实会引发正当性问题"②。

事实上，由于中国经济发展模式较西方资本主义国家有着明显区别和优势，在贸易领域中已经引发了"正当性问题"，而这些问题又是在现有规则体系下难以解决的，这使得西方国家将对中国竞争优势的不满延伸至对世界贸易规则体系的不满。一方面，美国频频向世贸组织发难，威胁退出世贸组织③，并阻挠世贸组织上诉机构遴选造成上诉机构停摆④；另一方面，美、日、欧多次发表三方声明，宣扬所谓"市场导向条件"，要求世贸组织在补贴、国有企业等规则上进行改革。这些情况都反映出西方国家试图通过国际规则的改变来限制中国所谓的"不公平竞争"。

---

① ［土］丹尼·罗德里克：《贸易的真相》，卓贤译，中信出版集团，2018 年 12 月第一版，第 112 页。

② ［土］丹尼·罗德里克：《贸易的真相》，卓贤译，中信出版集团，2018 年 12 月第一版，第 112 页。

③ 《美国或退出 WTO 是怎么回事》，载于中研网，最后访问日期：2019 年 8 月 15 日，http://www.chinairn.com/hyzx/20190815/112014845.shtml.

④ 《世界贸易组织上诉机构在美国阻挠下被迫停止运转，多国人士对美国的做法表示不满》，载于央广网，http://china.cnr.cn/news/20191212/t20191212_524894260.shtml，最后访问日期：2019 年 12 月 12 日。

由此可见，在西方国家眼中，反倾销已不仅仅是为了解决倾销问题，而是为了解决所谓"公平贸易"问题，而"公平之争远超出了倾销的范畴"①。在这样的立场下，特殊市场情形规则发展至现在的样子也就不足为奇了。换言之，中国所要面对的并不是对于倾销的指责，而是对于"不公平竞争"的指责。在制定特殊市场情形问题的应对之策时，也应认清其问题根源。

第二节 应对策略

特殊市场情形问题看似是反倾销调查中的一个技术问题，但真正引发这一问题的是国际贸易领域中不同发展模式所带来的各经济体间的竞争优势的差距。因此，笔者认为，在考虑应对之策时，不应局限于技术性法律问题，而应从规则、立法、实践等不同层面着手寻求解决之道。

一、积极参与世贸组织相关规则谈判

虽然多哈回合谈判陷入僵局，但一些主要成员对世贸组织进行改革的呼声也很高，尽管各方对改革的方向、重点观点分歧很大，笔者仍然相信，只要改革的共识不变，就有机会找到突破口，为世贸组织带来新生。

笔者注意到，近来美日欧发布了 7 次三方联合声明，提及要建立"市场导向条件"标准。2020 年 2 月 20 日，美国又向世贸组织

---

① ［土］丹尼·罗德里克:《贸易的真相》，卓贤译，中信出版集团，2018 年 12 月第一版，第 112 页。

提交了题为《市场导向条件之于世界贸易体系的重要性》的提案。该提案的宗旨、核心思想与特殊市场情形的内核是完全一致的，这意味着以美国为首的西方国家已不满足于在反倾销领域限制来自中国的所谓"不公平竞争"，而是要使其成为整个世贸组织的基本原则。因为在美国看来，"市场导向"原则本来就是世贸组织的基石之一①。

　　"市场导向"和特殊市场情形一样，不仅在世贸组织规则中没有明确的定义，在经济学上也没有形成共识，因此才造成当前各成员在官方表态、立法以及调查实践中各说各话的局面。由于西方国家在制造舆论、争夺话语权方面更具经验和优势，且中国入世以来就一直是遭遇反倾销调查最多的国家②，在这种情况下，中国在特殊市场情形问题上处于劣势。然而，也应当看到积极的一面，一是世贸组织成员本身都处在不同的发展阶段，采取不同的经济模式、政治和法律制度，WTO 没有要求成员改变现有的发展模式③。二是虽然自由市场是世贸组织规则的精神，但在多边规则并没有一个"市场经济"和"非市场经济"的定义，事实上也无法形成区分上述两个概念的共同的标准。正如不少学者指出的：美国指控中

---

　　① *THE IMPORTANCE OF MARKET-ORIENTED CONDITIONS TO THE WORLD TRADING SYSTEM*，载于世贸组织官方网站，https://docs.wto.org/dol2fe/Pages/FE_Search/，最后访问日期：2020 年 4 月 7 日。

　　② 参见世贸组织网站，https://www.wto.org/english/tratop_e/adp_e/adp_e.htm，最后访问日期：2020 年 4 月 7 日。

　　③ James J. Nedumpara., Weihuan Zhou（Eds），*Non-market Economies in the Global Trading System: The Special Case of China,* Springer Nature Singapore Pte Ltd, 2018, p.7.

国存在所谓"非市场经济"的情形在其他"市场经济国家"同样存在①。

因此，笔者建议借助世贸组织改革这一平台，积极参与到关于"市场导向"原则、概念、标准的讨论中来，代表广大发展中国家发声，推动形成更具制度包容性的"市场导向"的定义。同时还应重点关注这些原则、概念、标准在具体规则上的衔接问题，尽可能将市场导向与特殊市场情形对接，即将与"市场经济"相关的内容限定在贸易救济规则框架内，防止其在其他领域造成滥用。这就需要我们对反倾销、反补贴规则进行重构。就特殊市场情形规则而言，虽然有学者呼吁世贸组织成员不能滥用特殊市场情形，需要制定多边规则明确特殊市场情形使用条件和标准②。但并没有提出具体可操作的路径，本书中，笔者建议在以下三方面进行明确。

一是明确"特殊市场情形"定义。一方面与世贸组织改革相关议题保持一致性和连贯性，另一方面要注重可操作性。在前文，笔者指出导致特殊市场情形因素通常包括政府严重干预、垄断市场结构和消费模式差异三类情况，但要使之成为多边规则条款，还需要通过谈判对上述三类情况做出更为清晰的界定，防止调查机关滥用特殊市场情

---

① W. Watson, *Will Nonmarket Economy Methodology Go Quietly into the Night? US Antidumping Policy toward China after 2016,* Cato Institute Policy Analysis Number 763, http://object.cato.org/sites/cato.org/files/pubs/pdf/pa763.pdf, 最后访问日期：2019 年 12 月 27 日。Lisa Toohey and Jonathan Crowe, *The Illusory Reference of the Transitional State and Non-Market Economy Status* 2（2），Chinese Journal of Compara.tive Law（2014），pp.314–36.

② Yun M., *The Use of "Particular Market Situation" Provision and Its Implications for Regulation of Antidumping,* Social Science Electronic , Publishing, 21.3, 2017.

形规则。

二是明确存在特殊市场情形的情况下，应优先使用对第三国销售的可比价格。在找不到第三国可比价格的情况下，方可采用结构正常价值的方法计算倾销幅度。如笔者在第二章所述，反倾销的目的是揭示倾销所带来的价格歧视。因此，在调查中应尽可能使用企业的真实价格进行比较，在找不到真实的可比价格时，才需要拟制一个价格，即结构正常价值。如此前美国立法中体现了这一精神，根据美国商务部原反倾销反补贴行政规则351.404（f）条款，在出口国（地区）同类产品不可比的情况下，美国调查机关通常选择出口到第三国的价格确定正常价值而不是结构正常价值，但近年来，由于结构正常价值赋予调查机关更多的自由裁量权，更容易滥用规则，计算出较高的倾销幅度，导致调查机关倾向直接选用结构正常价值方法计算倾销幅度。2016 年 8 月 25 日，美国商务部为了开启"特殊市场情形"条款的应用，有目的修订法规，优先选择结构正常价值的方法而非通过第三国销售价格确定正常价值[1]，为其滥用规则创造空间。本书认为，在未来规则谈判中，基于倾销和反倾销的基本理论，中国可以率先提出限制结构正常价值而优先采用对第三国出口价格提案，弥补规则漏洞。

三是明确正常贸易过程下调查机关应采纳应诉公司自身数据。如前所述，所谓正常贸易过程是指企业自身的定价行为导致的价

---

[1]　§351.404（f），Chapter III- International Trade Administration Department of Commerce.

格不反映供求关系和市场竞争，如关联交易、易货交易等，与宏观政策环境影响无关，不属于特殊市场情形范畴，且特殊市场情形的市场应当是被调查产品所在的市场，而不应包括原材料市场。明确该项标准，在一定程度上就可以适当约束当前部分国家的调查机关将特殊市场情形认定为非正常贸易过程进而延伸到成本的漏洞，进而限制在成本特殊市场情形条件下使用替代数据的可能性。

二、完善中国特殊市场情形立法

（一）立法现状

中国《反倾销条例》第三条规定："倾销是指在正常贸易过程中进口产品以低于其正常价值的出口价格进入中华人民共和国市场。"①第四条规定："进口产品的正常价值，应当区别不同情况，按照下列方法确定：（一）进口产品的同类产品，在出口国（地区）国内市场的正常贸易过程中有可比价格的，以该可比价格为正常价值；（二）进口产品的同类产品，在出口国（地区）国内市场的正常贸易过程中没有销售的，或者该同类产品的价格、数量不能据以进行公平比较的，以该同类产品出口到一个适当第三国（地区）的可比价格或者以该同类产品在原产国（地区）的生产成本加合理费用、利润，为正常

---

① 《中华人民共和国反倾销条例》，载于中国政府网，http://www.gov.cn/gongbao/content/2002/content_61580.htm，最后访问日期：2020 年 4 月 7 日。

价值。"①

从上述规定可以看出，中国反倾销立法较美、欧、澳等国家或地区更为原则化，缺少明确的操作指引。虽然在《反倾销条例》第四条第二款规定如果同类产品的价格不能据以进行公平的比较，则可以适用对第三国出口价格或结构正常价值。然而，但何为"同类产品价格不能据以进行公平的比较"？事实上，非正常贸易过程、国内销售数量低、特殊市场情形均可以导致国内同类产品价格无法与出口价格进行比较。中国《反倾销条例》中既没有特殊市场情形条款，也没有结构正常价值中成本、费用和利润的数据选择的规定。这就导致中国调查机关如要使用与美、欧、澳类似的特殊市场情形做法进行调查时缺少明确的法律依据。因此，笔者认为，中国反倾销相关法律法规急需在此方面进行创新和完善，并使之与中国在多边立场保持一致。

（二）实践做法

自 1997 年中国发起第一起反倾销调查以来，截至 2019 年底，中国共对 127 个产品发起了反倾销调查②。按照世贸组织统计，中国共发起了 284 个反倾销案件③。在过去 23 年的实践中，中国调查机关极少发起对特殊市场情形的调查。近年来，随着美欧澳其他成员利用

---

① 《中华人民共和国反倾销条例》，载于中国政府网，http://www.gov.cn/gongbao/content/2002/content_61580.htm，最后访问日期：2020 年 4 月 7 日。

② 统计数据来自中国贸易救济信息网，www.cacs.mofcom.gov.cn，最后访问日期：2020 年 3 月 20 日。

③ 统计数据来自世贸组织网站，https://www.wto.org/englishi/tratop_e/adp_e.htm，最后访问日期：2020 年 3 月 20 日。

"特殊市场情形"等方法继续歧视性对待中国出口产品,中国国内产业在提交申请时,他开始向调查机关提出特定出口国特殊市场状况的调查。

一是 2009 年中国对自沙特阿拉伯进口的 1,4—丁二醇反倾销案。这是中国反倾销调查实践中第一起涉及特殊市场情形的案件。然而,本案中论述的"特殊市场情形"与反倾销协定中的"特殊市场情形"实质上有一定的差别。本案中,沙特应诉公司在调查期未在国内市场销售被调查产品同类产品。中国调查机关据此采用对第三国(地区)销售作为确定正常价值的基础。在初裁中,中国调查机关采用沙特对欧洲市场销售价格确定应诉公司正常价值。初裁后,应诉公司主张欧洲市场存在特殊市场情形,如三家生产商垄断欧洲市场,上下游垂直一体化程度高,供需双方存在长期合同关系等情形,因而导致欧洲市场上产品价格不体现正常竞争价格。在终裁中,中国调查机关接受了公司的主张,采用沙特对亚洲地区的价格作为确定正常价值的基础①。虽然本案中的"特殊市场情形"适用在找寻可比的第三国市场价格中,与本书探讨的"特殊市场情形"适用的前提和对象不同,但本案裁决所体现出来的垄断对市场价格影响这一因素是可以为特殊市场情形立法所借鉴的。

二是 2017 年中国对自美国进口的苯乙烯反倾销案。在本案调查,

---

①　商务部:《对原产于沙特阿拉伯和台湾地区的进口 1,4- 丁二醇反倾销调查的最终裁定》,载于中国贸易救济信息网,www.cacs.mofcom.gov.cn,最后访问日期:2020 年 3 月 20 日。

国内产业申请人向调查机关提交了对美国苯乙烯市场的状况进行调查的申请。在听取各利害关系方评论后，中国调查机关就申请内容向包括美国政府在内的各利害关系方发放了调查问卷。中国国内产业申请人认为，由于美国政府通过立法、产业政策、出让国有资源的开采权、各种扶持政策等方法，在资源配置中发挥了重要的影响，造成同类产品原材料、能源等生产要素，包括同类产品在内的石化产业都存在市场扭曲的情形。这些非市场状况导致同类产品生产成本和价格不可比，因此申请对此进行调查并调整倾销幅度的计算。部分应诉公司提交评论认为，申请人提出的"非市场状况"调查申请缺乏中国反倾销法律的法律支持。认定美国的石油、天然气和电力能源市场的供求关系和价格水平受到非市场因素的影响，但暂对是否存在特殊市场状况不进行认定①。

本案虽然没有做出肯定性裁决，但示范意义明显，这是中国反倾销调查实践中开启的第一起特殊市场情形的调查。此后，2019 年中国对美国发起的正丙醇、间甲酚、三元乙丙橡胶、聚苯硫醚四个产品反倾销案件中，申请人均提交了对美国开启"非市场状况"调查的指控②，调查机关应申请均发起了调查。上述案件对非市场状况的调查程序和内容与苯乙烯案类似。截至本书完稿时，案件均尚未作出裁

① 商务部：《对原产于韩国、台湾地区和美国的进口苯乙烯反倾销调查的最终裁定》第 71 页，载于中国贸易救济信息网，www.cacs.mofcom.gov.cn，最后访问日期：2020 年 3 月 20 日。

② 参见商务部贸易救济公开信息查阅室网站，https://tdi.mofcom.gov.cn，最后访问日期：2020 年 3 月 20 日。

决。分析上述案例，本书认为中国调查机关对"非市场状况"调查有需要进一步完善的地方。

其一，法律依据不明确。如前所述，在中国《反倾销条例》中并没有"特殊市场情形"条款。在苯乙烯案中，美国应诉公司对此提出异议，认为申请人提出的"非市场状况"调查申请缺乏中国反倾销法律的法律支持，"非市场状况"不属于计算倾销幅度时对正常价值进行价格调整的考量因素[①]。中国调查机关在裁决中虽然做了回应，但是从《外贸法》第四十一条和《反倾销条例》第三条授权中国调查机关有权对应诉公司是否存在倾销行为以及倾销幅度进行调查这个角度进行回应的[②]。事实上，应诉公司并未否定调查机关的对倾销和倾销幅度的调查权，而是质疑中国调查机关对"特殊市场情形"进行调查的授权。因此，如果在法律中有明确的规定能更好满足实践的需要。

其二，概念模糊性。在上述案例中，申请人指控被调查产品及其同类产品存在"非市场状况"并请求调查机关进行调查。但"非市场状况"是否属于《反倾销协定》中的"特殊市场情形"，还是一个新创设的概念？调查机关并未作出说明。该"非市场状况"是适用于被调查产品同类产品的销售，还是包含了被调查产品及其同类产品

---

① 商务部：《对原产于韩国、台湾地区和美国的进口苯乙烯反倾销调查的最终裁定》第47页，载于中国贸易救济信息网，www.cacs.mofcom.gov.cn，最后访问日期：2020年3月20日。

② 商务部：《对原产于韩国、台湾地区和美国的进口苯乙烯反倾销调查的最终裁定》第46页，载于中国贸易救济信息网，www.cacs.mofcom.gov.cn，，最后访问日期：2020年3月20日。

生产成本，甚至涵盖了涉案产品整个行业？从苯乙烯案件来看，并没有明确清晰的概念和适用范围，调查机关在裁决中认为美国石油、天然气、电力等能源市场的供求关系和价格水平受到"非市场因素"影响①。该"非市场因素"与"非市场状况"是什么关系？由此可见，在法律概念不清晰时，实践中容易导致用语和逻辑不清楚。

其三，调查不确定性。根据苯乙烯案的调查逻辑，如果美国政府对主要原材料如石油、天然气、电力领域存在干预和管制，从而导致涉案产品所在的行业存在"特殊市场状况"。下一步调查机关会如何处理呢？目前存在很多的疑问，如调查机关是直接采用"替代国"方法计算价值，还是采用对第三国销售价格或者结构正常价值方法计算正常价值？如果采用结构正常价值方法，对于主要原材料价格是否采用"替代"的方法，等等。至今中国调查机关尚未有一个确定性的裁决。

（三）立法建议

基于上述分析，为了应对其他国家对中国发起的"特殊市场情形"调查，保持中国调查的对等性，需要在借鉴其他国家的做法的基础上，同时坚守倾销与反倾销基本理论和"特殊市场情形"基本规则，本书提出了以下完善立法的建议。

一是在立法层面明确特殊市场情形条款。建议在《反倾销条例》

---

① 商务部：《对原产于韩国、台湾地区和美国的进口苯乙烯反倾销调查的最终裁定》第 71 页，载于中国贸易救济信息网，www.cacs.mofcom.gov.cn，最后访问日期：2020 年 3 月 20 日。

第四条（二）明确规定："进口产品的同类产品……或者由于出口国（地区）国内市场的特殊市场情形……导致不能据以进行公平比较的，以该同类产品出口到一个适当第三国（地区）的可比价格或者以该同类产品在原产国（地区）的生产成本加合理费用、利润，为正常价值。"通过立法的形式明确"特殊市场情形"条款后，申请人可以据此提出相应指控，调查机关据此应申请或主动发起调查。

二是在操作层面制定调查指南。调查指南是调查机关增强调查确定性和透明度有效的方法，给利害关系方提供一个较为稳定的预期，同时能保持调查的灵活度，根据实践情况进行调整。此外，由于"特殊市场情形"在中国法律和实践中毕竟是一个新的事物，国内产业对此了解甚少，缺少指控经验，调查指南还可以帮助申请企业提出申请。在调查指南中，需要明确特殊市场情形的适用范围、程序和结果。

适用范围方面，特殊市场情形条款应有的含义通常包括三类情况，即政府严重干预、垄断市场和需求模式的不同。笔者认为，在调查指南中形成"特殊市场情形"的因素通常包括：出口国（地区）同类产品市场存在严重政府干预，出口国同类产品市场存在垄断，出口国同类产品市场与中国国内市场消费模式存在显著不同，等等。这些因素导致了同类产品的价格无法与出口价格进行适当比较。这种表示既可以符合"特殊市场情形"规则应有的含义，也能给中国调查机关根据实践需要进行调整，提供空间。实践表明，欧美等发达国家市场对部分产品也存在严重政府干预，如欧盟的农产品、美国能源产品等，这些政府干预行为是否影响国内市场的供求关系和价格，有待于调查机关进行详细的调查。同时，美欧等发达国家部分企业大多是规模化和一体化生产，在市场上具有绝对垄断地位，在上游原材料采购和下游销售方面有着中小企业无法企及的市场优势，甚至是支配地位，而这一优势是否导致市场存在特殊情形，进而影响了价格的可比性，也可以通过调查予以认定。上述因素都可能成为中国调查机关在规则范围内开启特殊市场情形调查的突破口。

调查程序方面，本书建议参考欧美澳的方式，由申请人提供指控，调查机关应申请提出调查，在开启特殊市场情形调查时，调查机关应当给予利害关系方发表评论的机会，维护正当程序。此外，在调查方法上，可以依法采用问卷、听证会等方式①。值得注意的是，问卷调查是反倾销调查的法定调查方式，调查机关有权向利害关系方发放问卷。然而，在实践中，澳大利亚和欧盟在对中国政府发放相关问卷时，中国政府通常拒绝答复。在中国的为数不多的调查实践中，涉案国的政府提交了评论意见，也没有提供答卷②。笔者相信，在未来可能的实践中，中国政府发放的政府问卷也不会得到详细的答复。然而，如果相关利害关系拒绝提供信息或答卷，并不意味着调查机关一定可以采用不利事实推定的方式做出裁定。调查机关仍然有客观审查和依

---

① 中国《反倾销条例》第二十条规定：商务部可以采用问卷、抽样、听证会等方式向利害关系方了解情况，进行调查。

② 参见商务部贸易救济公开信息查阅室网站，https://tdi.mofcom.gov.cn，最后访问日期：2020 年 3 月 20 日。

据积极证据进行裁定的义务，即要求调查机关根据确定的、客观的、可核实的和可信赖的证据作出裁决①。如果应诉公司和涉案方政府拒绝提供信息，调查机关仍要收集足够的证据证明出口国（地区）相关市场存在特殊市场情形，而不能根据简单的指控和推测做出裁决。

调查结果方面，如前所述，在"特殊市场情形"适用结果方面，美、欧、澳存在三种不同的路径。本书认为，中国适用"特殊市场情形"裁决还是应坚持审慎的立场，要在规则的框架内进行裁决。据此，本书提出了中国的路径选择。一是在同类产品市场存在"特殊市场情形"下，根据中国的法律和世贸组织规则，可以采用出口国（地区）对第三国出口价格或者结构正常价值的方法确定正常价值。二是在结构正常价值的时候，可以依据澳大利亚 A4 纸专家组对《反倾销协定》2.1.1.1 条的解释，调查机关根据申请人的申请，对被调查产品及其同类产品的主要原材料领域是否存在"特殊市场情形"进行调查。然而，调查的落脚点应该是此种"非正常情形"影响到了出口商或生产商的成本采购，进而影响到了被调查产品同类产品价格的可比性，从而不采用出口商或生产商的实际记录的生产成本②。三是如果不采用出口商或生产商实际记录的生产成本，可以依据阿根廷生物柴油案上诉机构的裁决逻辑，调查机关可以依据其他的信息进行裁决，但仍需

---

① The Report of Appellate Body, China-Countervailing and Anti-Dumping Duties on Grain Oriented Flat-Rolled Electrical Steel from the United States, WT/DS414/AB/R（18 October 2012），para.126.

② Panel Report, Australia-Anti-Dumping Measures on A4 Copy Paper, WT/DS529/R（4 December 2019），para.7.117.

要根据对该第三方信息进行调整，使之更能反映出口国（地区）实际情况①。本书认为，尽管中国调查机关分析建立在具体案件实际情况的基础上，但整体分析逻辑和方法应该符合世贸组织规则和精神。

三、应对针对中国特殊市场情形的调查

一直以来，中国企业在应诉反倾销调查时面临的最大问题就是调查机关使用替代数据对其计算倾销幅度，导致反倾销税率被人为推高。而美、欧、澳等成员在特殊市场情形规则上的新变化，使得这种替代做法在中国入世议定书第 15 条到期后被永久化。同时，美国近期在对其他国家的反倾销调查中因中国因素而适用特殊市场情形，这也会使特殊市场情形问题及相关的中国因素受到更多的关注。对此，中国政府、产业界及律师应通过良好互动在个案层面形成更为清晰、统一的应对思路。

（一）政府的应对

特殊市场情形既是法律问题，也是政治问题。因此，尽管反倾销调查是针对个别企业的，但在对特殊市场情形进行调查时，就会涉及中国政治经济体制问题，就需要由政府统筹从政治、法律、经济等多个角度开展应对。

政治方面，在保持双边政治交涉力度的基础上，要尽可能扩大同盟军。美、欧、澳等成员的理论在条款设计上看似一视同仁，在实践中却具有明显的针对性和歧视性，那些产业政策较多的发展中成员或

---

① The Report of Appellate Body, European Union – Anti-Dumping Measures on Biodiesel from Argentina, WT/DS473/AB/R（6 October 2016），para.6.82.

者原材料资源丰富的成员都可能成为特殊市场情形规则的受害者。在欧盟反倾销计算新方法通过以来，沙特、俄罗斯、埃及等多个成员对其与世贸组织一般规则一致性表达了质疑①。因此，中国在该问题上虽然受影响最大，但绝不孤立。我们需要在世贸其他成员中凝聚共识，加强个案交流，在特殊市场情形问题上形成一致观点。

法律方面，应继续坚持维护多边规则的立场，积极争取世贸组织上诉机构恢复正常运转。在现有规则体系下，最大限度发挥争端解决机制专家组的作用，不放弃中国在世贸组织的诉讼权利。如前所述，目前美、欧、澳关于特殊市场情形的理论和实践均涉嫌违反国际法基本原则以及世贸组织《反倾销协议》的基本条款。尽管这些成员在立法上煞费苦心，体现了较强的立法技巧，使得"法律本身违法"的诉讼难度加大，但中国仍可以通过对具体案件的诉讼，从替代国数据选择和程序透明度等方面入手，逐步压缩美、欧、澳滥用规则的空间，防止其在特殊市场情形领域进一步延伸。

经济方面，应针对美、欧、澳等成员特殊市场情形规则和美、日、欧在多边领域的三方声明给出经济学上的回应。市场经济总会与一定社会制度相结合，没有任何市场经济可在制度真空中运行。即便是在资本主义国家中，市场经济的表现形式也各不相同。没有人会否

---

① Notification of laws and regulations under article 18.5 and 32.6 of the agreements, G/ADP/Q1/EU/7; Notification of laws and regulations under article 18.5 and 32.6 of the agreements, G/ADP/Q1/EU/5; Notification of laws and regulations under article 18.5 and 32.6 of the agreements, G/ADP/Q1/EU/8; http://www.wto.org, 最后访问日期：2020 年 3 月 20 日。

认美国和日本都是资本主义国家，但又有谁会认为美国和日本的经济体制是相同的呢？中国作为社会主义国家，其市场经济确有独特之处，但这也只是市场经济的一种形式而已。迈克尔·斯宾塞就认为，中国已经非常熟练地实现了具有令人难以置信的复杂程度的经济转型，即从计划经济转换到日趋市场化的经济体制，不仅在国内实行了市场经济，而且还成功地融入了国际市场①。而对于特殊市场情形对价格可比性的影响，中国需要在经济层面开展针对性研究，给予回应。

（二）企业的应对

企业是反倾销调查的应诉主体，如果企业放弃应诉，那么所有的应对工作将无从谈起。近年来，对中国发起反倾销调查的几个主要成员在包括特殊市场情形在内的一些立法和实践上的改变，使中国企业应诉反倾销调查变得越来越困难，而最后得到的税率往往并不理想。企业的应诉积极性大受影响，即便参与应诉，也只是将重点放在能够影响税率的财务问题上，忽略了法律抗辩，对调查机关在调查过程中存在的透明度、正当程序等问题缺乏抗辩的勇气和动力，在某种程度上纵容了一些调查机关的不合理做法。

在特殊市场情形问题上，企业几乎没有提出过系统、有效的抗

---

① 张玉玲、杨亮、颜维琦：《60年强国之路》，载《光明日报》2009年8月10日。另见迈克尔·斯宾塞《世界格局中的中国经济》，载于中国科学院网站，http://www.cas.cn/zt/jzt/ltzt/zgkxyrwlt/d4dy/200512/t20051215_2670915.shtml，最后访问日期：2020年4月8日。

辩。很多企业认为特殊市场情形涉及这个行业乃至整个国家的经济状况，并不是单个企业能够去进行抗辩的。但笔者认为企业在该问题的抗辩上恰恰独具优势。因为要争辩一种市场情形到底是不是特殊，往往会"公说公有理，婆说婆有理"，难以举出有说服力的证据。而企业的抗辩点并不在此，而应聚焦价格可比性问题，通过企业原材料采购、定价机制等具体情况证明国内销售价格和出口价格具有可比性。在中国诉美国部分反补贴案中，美国调查机关认为由于中国政府在市场中的地位和作用，相关产品市场受到扭曲，因此在补贴利益计算中采用了外部基准。上诉机构和专家组认为，调查机关在作出相关产品市场价格受到扭曲裁定时，必须基于个案和事实，而不能依据抽象和概况的分析和论证。调查机关除了要分析政府在市场的作用外，还应审查证据目录中的其他证据材料[①]。在中国诉欧盟紧固件案中，上诉机构也坚持了类似观点，即仅仅从宏观分析政策角度否定企业主体的市场行为是不够的[②]。由此可见，应对"特殊市场情形"及其类似问题，更需要发挥企业主体的作用，从微观层面去积极应对。无论调查机关如何解释"特殊市场情形"，无论其对中国市场存在的所谓的"政府干预或政府补贴"进行何种论述，但裁决的最终落脚点还是要在宏观

[①]　The Report of Appellate Body, UNITED STATES – DEFINITIVE ANTI-DUMPING AND COUNTERVAILING DUTIES ON CERTAIN PRODUCTS FROM CHINA, WT/DS379/AB/R（11 March 2011），para.s445-446.

[②]　The Report of Appellate Body, EUROPEAN COMMUNITIES – DEFINITIVE ANTI-DUMPING MEASURESON CERTAIN IRON OR STEEL FASTENERS FROM CHINA，WT/DS397/AB/R（15 July 2011），para.290.

政策对企业主体定价的影响。因此从企业层面提供的证据材料恰恰能佐证企业定价是根据市场供求关系确定的，反映了市场竞争。本书认为，在当前中国外贸出口企业面临复杂应对困境下，需要从微观层面角度入手，找到突破点，进而推翻美、欧、澳等在特殊市场情形问题上对中国的论证逻辑。

结　语
站在规则重塑的十字路口

特殊市场情形在世贸组织反倾销协定中只有寥寥数语，相关表述并不算清晰，这也是造成当前对特殊市场情形解释分歧的重要原因之一。当然，更重要的原因还在于近年来国际经贸格局发生的深刻变化以及由此引发的全球化逆流。当前多边体制面临前所未有的挑战，很多人可能会质疑，研究多边规则是否还有意义。但笔者坚信，从历史发展大势看，多边规则在"增强世界经济，并在世界范围内扩大贸易和投资，增加就业和收入"[①]上发挥的作用已经无可替代。本书在不打破现有多边规则框架的前提下，坚持多哈回合"澄清和改进规则、加严纪律、防止滥用"[②]的立场，对"特殊市场情形"规则进行系统比较研究。

其一，倾销的本质是企业主体的价格歧视行为，立足于这一基本

---

① 《中国加入世界贸易组织法律文件》（中英文对照）法律出版社，2002年1月第1版，第 III 页。

② 周晓燕：《世贸组织多哈回合规则谈判综述》，载于 http://chinawto.mofcom.gov.cn/article/ap/p/201509/20150901116540.shtml，最后访问日期：2020年1月23日。

理论，反倾销的核心是通过"严格的价格比较"进而发现倾销行为。"特殊市场情形"规则是建立在这一基本理论和核心的基础上的。本书认为需要从条款内涵、适用对象、条款的功能和目的等多视角解读这一概念。"特殊市场情形"是出口国涉案产品销售市场存在的特殊状态，由于这种状态导致生产商或出口商涉案产品实际销售价格与出口价格无法进行比较，从而无法发现真实的倾销行为。这种情形存在于涉案产品的销售市场，这与企业在涉案产品销售时出现的非正常贸易过程有区别，也与国家控制所有产品价格的"非市场经济"有所区别。在"特殊市场情形"情况下，协议明确要求使用对第三国销售价格或结构正常价值两种的方法找到可比价格。

其二，美国、欧盟和澳大利亚"特殊市场情形"立法与实践路径虽然存在差异，但有其共同特征：一是将政府干预作为考量特殊市场情形的主要因素；二是将特殊市场情形适用范围延伸至涉案产品的上游原材料领域；三是特殊市场情形与"替代"方法衔接，人为提高倾销幅度。

其三，美国、欧盟和澳大利亚"特殊市场情形"立法与实践中所体现的共同特征并不符合世贸组织规则。一是根据世贸组织的一般规则和严格价格比较理论，特殊市场情形规则不允许成员国使用替代国的方法。二是将"特殊市场情形"适用范围延伸至涉案产品的上游原材料领域是不适当的。三是特殊市场情形规则没有为成本替代提供法定依据。

其四，"特殊市场情形"规则被滥用的主要动因就是要为继续对中国使用"替代"方法维持对中国企业的高反倾销税。"特殊市场情形"看似是反倾销调查中的一个技术问题，但真正引发这一问题的是国际贸易领域中不同发展模式所带来的各经济体间的竞争优势的差距。因此，在考虑应对之策时，不应局限于技术性法律问题，而应从规则、立法、实践等不同层面进行系统应对。

在本书以现有规则框架完成"特殊市场情形"分析的时候，笔者也希望从规则重塑的角度再度审视特殊市场情形问题。反倾销调查作为世贸组织规则体系中允许成员使用的少数贸易保护手段，历来被视为各国开放国门后的安全阀。它不仅是严格的法律条文，也是各国不可或缺的贸易政策工具。当部分成员认为这些规则已无法实现自身目标和利益，就会朝着自己希望的方向去解读规则，甚至擅自更改规则。当全球化的浪潮暂时退去，人们开始反思全球化负面影响；当中国经济的快速发展引起西方国家的警觉，开始了全面围堵；当国际规则受到破坏，"丛林法则"死灰复燃，特殊市场情形规则被滥用、被曲解就变得不那么令人意外了。因此，当我们为中国企业在反倾销调查中遭遇的歧视性待遇而愤怒、抗争的同时，更应当冷静下来，思考在不断变化的世界政治经济格局中，中国的位置在哪里？面对日益增长的经济主权意识，中国的立场应当是什么？

笔者认为，我们首先应当学会正视他国的指责和质疑，因为如果我们还要维系多边规则体系，就必须了解对方的立场和关切，想法和诉求，建立重塑规则的谈判基础。回到本书探讨的特殊市场情形问题，西方国家在各自立法和实践的基础上，也在不断推动新的多边规则的制定。对此，我们不能视而不见、避而不谈，这无益于解决问题。议题本身是中性的，无所谓好坏利弊。我们真正要考虑的是如何就这些议题进行谈判，如何定义各方都能接受的概念，如何厘清倾销与补贴的关系，如何在反倾销调查中制定尊重各成员不同发展模式的保护性条款。

站在规则重塑的十字路口，我们不妨换一个方向，换一种思路，摒弃一些固有的理念，重新定义一些概念，重新搭建规则框架，建立更为宽松、有包容度的规则体系。唯有这样，我们才能避免一些经济问题被政治化，重拾人们对国际规则的信任。也唯有这样，中国才能在国际上获得更多的发展空间，保持持续稳定的发展态势。

路漫漫其修远兮。中国发展的道路漫漫，需要一代代人为之奋斗。作为一名从事反倾销事务实践者，笔者为之奋斗的规则之路同样漫漫。本书凝结了笔者对特殊市场情形问题的研究成果和主张，也将开启笔者对更深层次问题的思考与探索。

参 考 文 献

一、中文论文

1. 白明：《"替代国"做法不是世贸组织反倾销规则的一般方法》，载《人民论坛·学术前沿》2018 年第 4 期。

2. 白明：《欧盟反倾销计算新方法合规性分析》，载《中国社会科学报》2018 年 1 月 10 日第 5 版。

3. 包胜辉：《欧盟反倾销法分别税率问题研究》，中国政法大学 2011 年硕士学位论文。

4. 陈力：《美国反倾销法之"非市场经济"规则研究》，载《美国研究》2006 年第 3 期。

5. 陈力：《国际贸易救济法律制度中的非市场经济规则研究》，复旦大学 2006 年博士学位论文。

6. 管健：《欧盟反倾销新方法评析》，载《武大国际法评论》2019 年第 5 期。

7. 高子康：《欧盟对华反倾销替代国价格法律问题研究》，广西大学 2019 年硕士学位论文。

8. 胡加祥：《中国入世议定书第 15 条之解构》，载《法学》2017 年第 12 期。

9. 孔志强：《中国在反倾销领域的市场经济地位研究》，天津财经大学 2011 年硕士学位论文。

10. 黄路：《入世过渡期满后中国市场经济地位法律问题研究》，西北大学 2017 年硕士学位论文。

11. 黄毓智：《论美欧反倾销中特殊市场状况的认定及中国的应对》，华东政法大学 2018 年硕士学位论文。

12. 李彦彦：《欧盟反倾销法修改案与 WTO 多边规则的适用》，载《法律适用》2017 年第 11 期。

13. 吕航：《反倾销理论与实践争议问题研究》，吉林大学 2009 年博士学位论文。

14. 潘锐、余盛兴：《美国对韩国输油管产业"特殊市场状况"的认定及其对中国的影响》，载《韩国研究论丛》2017 年第一辑。

15. 庞艳飞、倪素栋：《欧盟反倾销立法实践的新动向——以构成价格成本为分析视角》，载《贵州省党校学报》2017 年第 4 期。

16. 齐琪：《新"替代国"做法及其 WTO 合规性探析》，载《江淮论坛》2018 年第 1 期。

17. 齐琪、杜仲霞：《"特殊市场情况"的规则解释与中国因应——以澳大利亚对华反倾销中的实践为例》，载《华东经济管理》2018 年第 6 期。

18. 申勇峰、徐青：《国际贸易中倾销与反倾销行为的理论探析》，载《河海大学学报（哲学社会科学版）》2003 年第 9 期。

19. 沈瑶：《倾销与反倾销的历史起源》，载《世界经济》2002 第 8 期。

20. 唐汉容：《"阿根廷诉欧盟生物柴油反倾销措施案"评析——以欧盟成本调整方法为中心》，西南政法大学 2017 年硕士学位论文。

21. 邢金莉：《中国能否如期获得 WTO 市场经济地位若干问题研究》，外交学院 2016 年硕士学位论文。

22. 王钰：《倾销的新贸易理论解析》，载《世界经济研究》2004 年第 10 期。

23. 王勇：《论反倾销中的非市场经济国家规则》，中国人民大学 2006 年博士学位论文。

24. 王晖：《论倾销的确定》，外交学院 2003 年硕士学位论文。

25. 吴自立：《WTO 反倾销法律制度及我国应对策略研究》，暨南大学 2005 年硕士学位论文。

26. 闫怀柏：《非市场经济地位在反倾销中的法律依据问题浅论》，载《法制与经济（下半月）》2007 年第 4 期。

27. 张建：《中国市场经济地位问题的争鸣与实践——兼论非市场经济地位自动到期后的应对之策》，载《东南法学》2017 年第 1 期。

28. 张丽英：《中国入世议定书第 15 条到期的问题及解读》，载《中国政法大学学报》2017 年第 1 期。

29. 张为付：《倾销与反倾销的历史演变与时代特征》，载《南京社会科学》2004 年第 7 期。

30. 张妤婕、陈立虎：《欧盟替代国方法的替代方案初探》，载《东吴学术》2017 年第 5 期。

31. 赵海乐：《澳大利亚对华反倾销中"特殊市场情况"的滥用》，载《国际经贸探索》2014 年第 6 期。

32. 赵海乐：《论中国"非市场经济因素"在 2016 年后的转化——以欧盟对华反倾销为例》，载《华南理工大学学报（社会科学版）》2016 年第 6 期。

33. 张乃根：《中国入世议定书第 15 段的条约解释——以 DS397 和 DS516 为例》，载《法治研究》2017 年第 6 期。

二、中文著作

34.《中国加入世界贸易组织法律文件》（中英文对照），法律出版社 2002 年 1 月第 1 版。

35. 赵生祥：《贸易救济制度研究》，法律出版社 2007 年版。

36. 彭岳：《贸易补贴的法律规则》，法律出版社 2007 年版。

37. 王中美：《以反垄断替代反倾销的法律研究》，法律出版社 2008 年版。

38. 陈玉祥：《美国反倾销自由裁量权制度研究》，武汉大学出版社 2011 年版。

39. 对外贸易经济合作部：《世界贸易组织乌拉圭回合多边贸易谈判结果法律文本》，法律出版社 2000 年版。

40. 贺小勇：《WTO 新议题研究》，北京大学出版社 2008 年版。

41. 黄东黎：《WTO 规则运用中的法治》，人民出版社 2005 年版。

42. 韩立余：《美国外贸法》，法律出版社 1999 年版。

43. 宋和平：《多哈回合反倾销和反补贴规则谈判研究》，法律出版社 2014 年版。

44. 王贵国：《世界贸易法组织法》，法律出版社 2004 年版。

45. 朱子勤：《世界贸易组织 WTO 法律规则》，中国政法大学出版社 2000 年版。

三、中文译作

46.[德] 鲁道夫·冯·耶林:《为权利而斗争》,中国法制出版社 2005 年第 1 版。

47.[美] 保罗·萨缪尔森、威廉·偌德豪斯著,萧琛主译《经济学》,人民邮电出版社 2004 年 1 第 1 版。

48.[美] 雅各布·瓦伊纳著,沈瑶译《倾销:国际贸易中的一个问题》,商务印书馆 2003 年版。

49.[土] 丹尼·罗德里克,卓贤译《贸易的真相》,中信出版集团 2018 年 12 月第 1 版。

50.[英] 亚当·斯密著,郭大力、王亚南译《国民财富的性质和原因的研究》,商务印书馆 1979 年版。

51.[英] 埃辛·奥赫绪,[意] 戴维·奈尔肯编,马剑银、鲁楠等译《比较法新论》,清华大学出版社 2012 年版。

52.[德] 伯恩哈德·格罗斯菲尔德著,孙世彦、姚建宗译《比较法的力量与弱点》,中国政法大学出版社 2012 年版。

后　记

　　2003 年硕士毕业后，我有幸从事救济工作。17 年弹指一挥间，中国贸易救济事业从刚刚入世时向其他成员求教的学生迅速成长为贸易救济规则实践大国，我自己也从青涩逐步走向成熟。而工作 10 多年来所积累的实践中的问题和困惑，使我萌生了重返校园、从事专题系统研究的想法。2014 年，我成功申请到英国"志奋领"奖学金，在英国爱丁堡大学法学院做了半年访问学者，感觉意犹未尽。最初的梦想又促使我在 2015 年报考了人民大学博士研究生，承蒙丁相顺老师认可，使我终于有机会圆梦。攻读博士学位 5 年，我备尝辛苦和不易，特别是像我这样工作重担在身的"高龄"学生，时常面临时间精力不足的难题，当然这也是我的一个优势，就是可以系统研究实践工作中的一个问题，并把自己的研究成果应用到实践中去。

　　在论文的构思、写作、答辩过程中，得到了很多老师的帮助。感谢我的导师丁相顺老师一直以来对我耐心的帮助和提携，方方面面，难以尽言。感谢参加论文预答辩和答辩的车丕照、贺小勇、高祥、陈卫东、陈利强、李晓辉、郑维炜老师，他们为我论文的完善提出了很多中肯的建议。陈利强老师参加了我论文的预答辩和答辩，车路遥老师百忙之中阅读我的论文并提出了中肯的建议。在此，我真心地感谢他们！

最后，我要感谢我的爱人杨冰竹女士，没有她的鼓励和帮助，我是完成不了论文的。在整个论文撰写过程中，她不仅帮助我整理、收集材料，和我一起商讨论文的观点，还承担了照料我们两个年幼女儿的重担，使我抽出更多的时间进行写作，这不是用"感谢"一词能够表达的。感谢我的父母和岳父母，他们在生活中给了我很多的帮助和支持，使我能够心无旁骛地工作和学习。

生活中的巧合无处不在。2003 年我硕士毕业答辩的那个春天，正值非典肆虐。时隔 17 年的今天，我们正在抗击新冠肺炎疫情。我们国家正是在应对一个又一个大考中不断地成长，而个人的人生不也正是如此吗？此梦已圆，我将重整行装再出发，认真地生活和工作，为实现新的梦想而奋斗！

白　明

2021 年春日

责任编辑：侯俊智

助理编辑：程　露

封面设计：木　辛

责任校对：秦　婵

图书在版编目（CIP）数据

被唤醒的条款：反倾销特殊市场情形规则理论与实务／白明　著 .—北京：
人民出版社，2021.11

ISBN 978－7－01－023506－6

I.①被…　II.①白…　III.①反倾销－研究　IV.① F741.23

中国版本图书馆 CIP 数据核字（2021）第 125093 号

被唤醒的条款

BEI HUANXING DE TIAOKUAN

——反倾销特殊市场情形规则理论与实务

白　明　著

人 民 出 版 社 出版发行

（100706　北京市东城区隆福寺街 99 号）

涿州市旭峰德源印刷有限公司印刷　新华书店经销

2021 年 11 月第 1 版　2021 年 11 月北京第 1 次印刷

开本：710 毫米 ×1000 毫米 1/16　印张：14.75

字数：156 千字

ISBN 978－7－01－023506－6　定价：45.00 元

邮购地址 100706　北京市东城区隆福寺街 99 号

人民东方图书销售中心　电话（010）65250042　65289539